全国职业教育学前教育专业"十三五"规划教材

学前儿童游戏指导

主　编　于　娜
副主编　万荃双　方　帆　王　影　冯霞云

华中科技大学出版社
http://www.hustp.com
中国·武汉

图书在版编目(CIP)数据

学前儿童游戏指导/于娜主编．—武汉：华中科技大学出版社,2014.5(2024.8重印)
全国职业教育学前教育专业"十三五"规划教材
ISBN 978-7-5680-0088-8

Ⅰ.①学… Ⅱ.①于… Ⅲ.①学前儿童-游戏课-职业教育-教材 Ⅳ.①G613.7

中国版本图书馆 CIP 数据核字(2014)第 100175 号

学前儿童游戏指导			于娜 主编

策划编辑：袁　冲　韩大才
责任编辑：赵巧玲
封面设计：原色设计
责任校对：曾　婷
责任监印：张正林
出版发行：华中科技大学出版社(中国·武汉)　　电话：(027)81321913
　　　　　武汉市东湖新技术开发区华工科技园　　邮编：430223
录　　排：龙文装帧
印　　刷：广东虎彩云印刷有限公司
开　　本：880mm×1230mm　1/16
印　　张：5.5
字　　数：163 千字
版　　次：2024 年 8 月第 1 版第 4 次印刷
定　　价：18.00 元

本书若有印装质量问题,请向出版社营销中心调换
全国免费服务热线：400-6679-118　　竭诚为您服务
版权所有　侵权必究

全国职业教育学前教育专业"十三五"规划教材

编 委 会

顾 问：

蔡迎旗（华中师范大学教育学院副院长、世界学前教育组织（OMEP）中国委员兼副秘书长、教育部"国培计划"首批专家、中国学前教育研究会常务理事和学术委员、中国学前教育学会湖北省学前教育专业委员会副理事长兼学术委员会主任）

主任委员（排名不分先后）：

卓　萍（武汉城市职业学院学前教育学院院长　学前教育研究所所长）
郑传芹（郧阳师范高等专科学校教育系主任　学前教育研究中心主任）

副主任委员（排名不分先后）：

方　帆　李亚伟　李　波　李俊生　李　娅　金东波　汤晓宁　邹琳玲　周立峰

委　员（排名不分先后）：

张雪萍　崔庆华　周勤慧　罗智梅　杨　梅　康　琳　于　娜　李晓军　李　江　刘华强
刘普兰　熊承敏　熊　芬　郑航月　方　斌　彭　娟　曾跃霞　王　婷　詹文军　冯霞云
朱焕芝　夏小林　李博丽　邰　城

全案策划：

袁　冲　韩大才

前　言

　　游戏之于学前儿童好比阳光、空气之于生命,游戏不仅是学前儿童的学习方式,也是学前儿童的生活方式。科学的游戏指导能够帮助学前儿童在体会身心愉悦的同时,获得智力与技能的快速发展。因此,研究学前儿童发展的问题,必须研究学前儿童游戏指导。

　　我国现有的高职高专学前教育专业课程体系中,已将"学前儿童游戏"列为专业主干课程,本书适合于高等师范院校学前教育专业、三年制大专学前教育专业、特殊教育专业、五年制大专学前教育专业的学生及幼儿园的教师使用。全书共八章:第一章介绍儿童游戏概论,主要解释游戏的特征及主要理论;第二章介绍影响学前儿童游戏的因素,从物理环境、社会环境以及个体等三个方面分别介绍了对学前儿童游戏的影响;第三章介绍幼儿园游戏环境创设,主要介绍室内、室外游戏环境的建立及教育意义,并结合具体范例详细介绍游戏环境创设的基本类型;第四章至第八章,分别就角色游戏、表演游戏、结构游戏、体育游戏、智力游戏的相关内容进行说明,重点介绍每种不同游戏类型的主要特点、指导要点及经典范例。本书重视理论与实践的紧密结合,较之一般的学前儿童游戏教材更强调学习的实用性,力图为读者提供翔实、高效的指导建议。

　　本书博采众家之长,借鉴了相关的教材与资料,采纳了多位研究人员的观点,在此表示诚挚的感谢!同时,本书在编写过程中从相关文献和网站上引用或借鉴了幼儿教育同行的一些优秀教案或素材,在此一并对这些作者表示感谢!

　　对于本书存在的问题和疏漏之处,我们诚恳地希望广大专家、教师、学生、幼儿教育同行批评与指正!

编　者
2015 年 6 月

目 录

第一章 儿童游戏概论 …………………………………………………………………… (1)
第一节 游戏的本质 …………………………………………………………………… (1)
第二节 游戏的特征 …………………………………………………………………… (3)
第三节 游戏的理论 …………………………………………………………………… (4)
第四节 学前儿童游戏的种类 ………………………………………………………… (7)

第二章 影响学前儿童游戏的因素 …………………………………………………… (11)
第一节 影响学前儿童游戏的物理环境因素 ………………………………………… (11)
第二节 影响学前儿童游戏的社会环境因素 ………………………………………… (14)
第三节 影响学前儿童游戏的个体因素 ……………………………………………… (17)

第三章 幼儿园游戏环境创设 ………………………………………………………… (18)
第一节 幼儿园游戏环境创设概述 …………………………………………………… (18)
第二节 学前儿童游戏环境的创设 …………………………………………………… (21)
第三节 幼儿园游戏环境创设的指导范例 …………………………………………… (24)

第四章 角色游戏 ………………………………………………………………………… (27)
第一节 角色游戏的特点 ……………………………………………………………… (27)
第二节 角色游戏的教育作用 ………………………………………………………… (29)
第三节 角色游戏的指导 ……………………………………………………………… (33)

第五章 表演游戏 ………………………………………………………………………… (43)
第一节 表演游戏的特点 ……………………………………………………………… (43)
第二节 表演游戏的教育作用 ………………………………………………………… (46)
第三节 表演游戏的指导 ……………………………………………………………… (48)
第四节 表演游戏范例 ………………………………………………………………… (50)

第六章 结构游戏 (53)

第一节 结构游戏的特点和教育作用 (53)
第二节 结构游戏的基本技能 (55)
第三节 结构游戏的指导 (60)
第四节 结构游戏范例 (64)

第七章 体育游戏 (67)

第一节 体育游戏的特点 (67)
第二节 体育游戏的教育作用 (68)
第三节 体育游戏的指导 (69)
第四节 体育游戏范例 (71)

第八章 智力游戏 (74)

第一节 智力游戏概述 (74)
第二节 智力游戏的指导 (76)
第三节 智力游戏范例 (78)

第一章

儿童游戏概论

学习目标

知识目标：
- 了解游戏的本质学说；
- 理解并掌握游戏的本质特征；
- 了解并掌握国内外关于游戏研究的相关理论学说。

能力目标：
- 能够解释成人游戏与儿童游戏的本质区别；
- 能够运用游戏的基本特征对不同发展阶段的儿童游戏进行分类；
- 能够运用游戏理论对当前儿童游戏发展趋势进行分析。

游戏是儿童的天性，也是儿童认识世界最有效的途径。儿童通过游戏获得愉悦的心理体验的同时，更可以收获知、情、意、行等多方面的发展。目前，利用游戏促进儿童身心发展的研究涉及多个领域，它不仅是学前教育学和儿童心理学研究的内容，同时也涉及社会学、人类学等多个学科领域。

情境导入：

小一班新学期的第一次家长会正在热烈进行中，东东的爸爸站起来对主班张老师建议："孩子上幼儿园之前，天天都是在玩，也没学到什么东西，把他送来幼儿园就是想让他接受正规的教育，以后上小学能跟得上。但是我发现，现在孩子照样天天都是在玩，什么老鹰捉小鸡啊、折纸飞机啊、垒积木啊、办家家酒啊，这些和他在家的时候是一样的，我希望老师以后能多上点正规的课。"他的话刚说完，就得到了不少家长的认同，大家纷纷表示，孩子在幼儿园游戏的时间太多了。

作为未来的学前教师，你是怎么看待游戏的？游戏对学前儿童的身心发展究竟有着怎样的价值？这正是我们学习本章内容将要解答的问题。

第一节 游戏的本质

一、游戏的词义

古文《尔雅》最早对"游"与"戏"分别定义，《尔雅》曰："游，戏也。戏，谑也。""谑"即"戏"。因此，"游"与"戏"相通，同有娱乐嬉戏之意。

"游戏"作为一个联合名词最早出现于《史记·老子韩非列传》中。庄子曰：我宁游戏污渎之中自快，

无为有国者所羁,终身不仕,以快吾志焉。可见,汉语中"游戏"一词表达的是一种随心随性、逍遥自在的精神状态。游戏者通过游戏,获得身心的放松与愉快。

英语中"游戏"多解释为"play"或"game"。其中"play"一词指代日常的嬉戏活动。"game"一词,则更多的是指代竞技性质的活动。现代英语中,"game"一词多被解释为小孩子的假装活动,成人的各种体育活动、玩笑幽默等。

我们不难发现,尽管语言的表现方式不同,但古今中外对于"游戏"的定义却有着极大的相通之处,那就是都与人们的身心活动相关。通过轻松自在的游戏活动,人们可以达到身体的放松及心灵的愉悦,因此,游戏是人类获得身心满足的一种娱乐活动。

二、成人游戏与儿童游戏的区别

游戏作为人类的一项日常活动,并非儿童的专利,但成人的游戏与儿童的游戏有着明显的区别。

1. 游戏的目的不同

成人游戏的目的往往不局限于游戏本身,也就是说,成人通常会为了达到某种游戏之外的目的而参与游戏活动。例如,利用游戏放松因工作带来的紧张与疲惫,或出于人际交往的需要,联络人际感情,而儿童游戏的目的则只在于游戏活动的本身。这也就意味着,游戏是儿童自主自发的活动,儿童是"为了游戏而游戏"。

2. 游戏的内容不同

由于身心发展水平不同,成人更多地选择规则游戏,带有很强的竞技色彩。在游戏中,参与者对游戏规则都有着自觉的遵守意识,游戏中的胜负欲望更为强烈。而儿童的游戏则更多地倾向于模仿游戏、表演游戏,通过游戏更多地获得快乐的体验和能力的提高,相较而言,儿童游戏的规则性不强,通常会随时发生变化。

3. 游戏的功能不同

成人的游戏更多地具有放松身心及人际交往的功能,而儿童的游戏则更加具有教育和学习的功能。儿童通过游戏获得对未知世界的认识,获得自身能力的发展,这是成人游戏所不具备的价值功能。

4. 游戏的状态不同

游戏更多的是作为一种"生活的调味品"出现在成人的世界中,成人的生活以工作为主,游戏时可以兼顾人际交往、工作交流等其他内容。儿童的生活则以游戏为主,游戏是儿童最主要的活动方式与学习方式。对于儿童来说,生活的内容主要由各种各样的游戏活动构成。儿童在游戏时全身心地投入游戏本身,而没有任何游戏之外的目的。

三、儿童游戏

游戏在儿童的发展过程中具有不可替代的独特价值,但如何为儿童游戏下定义,学术界则长期没有统一的说法。结合我国对幼儿园游戏的研究经验及相关的游戏理论,我们认为,儿童游戏是从儿童的兴趣出发,让儿童在自主自由的娱乐嬉戏中获得身心充分发展的活动过程。它是儿童对现实生活的理解,是儿童主要的生活和学习方式。

第二节 游戏的特征

一、游戏的本质特征

1. 游戏具有虚构性

游戏来源于生活，其内容反映日常生活中的行为方式与规则方式，但游戏并不是真实的生活，它是"日常生活"的表征。在游戏中，游戏者常常模拟日常生活情境表达自身情绪与情感，游戏规则往往折射出某些复杂的社会关系。例如，中国传统的象棋游戏中的"将""象""车""兵"等棋子间的关系，就反映出真实作战情境中战术的运用规律。

游戏的虚构性在儿童游戏中更为明显。幼儿的"角色游戏""表演游戏"，就是幼儿在真实生活经验的基础上，通过模拟角色语言及行为，成功地进入成人世界，体验成人生活。在游戏中，儿童成为自己生活的主宰，不再受他人支配，可以将现实生活中难以实现的愿望通过游戏实现，因此，对于儿童而言，游戏是一种"象征性的生活"，并非真实、平凡的生活。

2. 游戏具有规则性

游戏规则是保证游戏能够顺利开展的各项规定，有显性规则和隐性规则两种。显性规则是游戏中被明确规定下来，游戏者必须自觉遵守的规则，主要是关于游戏方法的规定，常出现在成人的游戏中。隐性规则则更多地出现在儿童游戏中，它虽然没有被明确规定下来，但却是约定俗成的，以参与者达成共识为基础。游戏的规则常常会随着参与者的技能、经验和合作意识的变化而发生变化。隐性规则又有两种情况：一种是游戏者以社会规则、道德底线为依据，将约定俗成的社会规则带入游戏中开展游戏；另一种是在"角色游戏"或"表演游戏"中，游戏者通过再现"角色"本身的行为规则进行游戏。这种规则在于"角色本身"，以"角色"自身承担的社会责任与义务为依据。

任何游戏都具有一定的规则，不管是显性规则游戏还是隐性规则游戏，一旦违反规则，游戏的平衡与协调都将被破坏，游戏带给人的欢愉感也将不复存在。儿童游戏的规则水平随着其身心发展水平和能力的不断提高而不断提升，最初以隐性规则游戏为主，逐渐向显性规则游戏发展，儿童对游戏规则的认同与自觉遵守也在此过程中不断提升。

3. 游戏具有愉悦性

游戏最突出的特点莫过于它能够给人带来愉悦感，这也是游戏的"元功能"。游戏的乐趣同其他活动不同，它展现出一种"自娱自乐"的特点，即乐趣自足于游戏者，即使旁观者不感觉到愉悦，但游戏者仍然能够自得其乐。那么，游戏为何能够给人带来愉悦的体验呢？

首先，游戏者在游戏中因为"趋乐性"而获得快乐的体验。这种快乐的体验建立在游戏者在开始游戏之前对游戏乐趣的预期。游戏者参与游戏，首先期望游戏的轻松与肆意能够带来身心的放松，从而受游戏趣味的吸引，对即将开始的游戏跃跃欲试。虽然游戏还没有开始，但一种轻松兴奋的愉快感受已经遍布游戏者的全身心。

其次，游戏者在游戏中因为"自主性"而获得快乐的体验。这种快乐的体验建立在游戏者开始游戏时的一种"随心所欲"的心理体验的基础上。游戏中，游戏者可以模拟任何角色，突破真实生活的限制，想怎么玩就怎么玩，帮助游戏者获得身心的释放。这种主人翁的姿态，在现实生活中难以实现。

最后，游戏者在游戏中因为"胜任感"而获得快乐的体验。这种快乐的体验是建立在游戏者一定的能力水平基础上的。也就是说,当游戏者的能力水平与游戏的玩法相适应时,游戏者将参与并继续游戏,如果进而在游戏中获胜,游戏者将会产生极大的满足感与自信感。反之,游戏水平过高或过低,都会影响参与者参与游戏的兴趣。

二、儿童游戏的特征

儿童游戏除具备一般游戏的上述三个特征之外,还因儿童的身心发展特点,具有以下两个特征。

1. 儿童游戏是儿童自主自发的活动

对于儿童而言,游戏是儿童内在需要的自愿活动。其产生与发展都源自儿童自身发展的一种内在的动机。同成人的游戏可能发端于环境的刺激和他人的邀约不同,儿童游戏完全由儿童自身欲望所致。从某种意义上说,游戏就是儿童生活的本身。儿童在游戏中自主决定什么时候玩游戏、玩什么游戏、怎么玩游戏、和谁玩游戏。自发组织、自发制定游戏规则,表现出极大的主动性,游戏对于儿童而言,是一种自发的本能行为。

2. 儿童游戏"重过程"

同成人游戏相比,儿童游戏更多地表现出"轻结果、重过程"的特点。儿童开始游戏更多地是为了获得一种快乐的体验,并非为了达到游戏以外的其他目的。因此,在游戏过程中,儿童更能够全身心地投入游戏本身,换句话说,儿童是"为了玩而玩"。需要指出的是,儿童游戏"轻结果"并不意味着儿童游戏没有目标。事实上,随着儿童年龄的增长和能力水平的不断提高,儿童游戏的类型发生变化,对结果的需求则呈现出不断增长的趋势。但总而言之,儿童游戏的目的就是游戏本身,不具有游戏以外其他因素诱发的游戏动机。

第三节　游戏的理论

自 20 世纪初起,研究游戏的相关理论逐渐丰富起来。受不同心理学流派的影响,以及所采用的研究方法和指导思想的不同,这些游戏理论的研究成果各不相同,对我国游戏理论及实践的发展起到了不同程度的促进作用。

一、经典游戏理论

1. 剩余精力说

这一观点的代表人物是德国学者席勒和法国学者斯宾塞。席勒认为人类的活动有两种:一种是有目的的活动,即工作;一种是无目的的活动,即游戏。游戏就是动物利用剩余精力的活动。斯宾塞则认为,由于神经中心会感到疲劳,需要一段时间的休息,在这期间,精力就不稳定,超过对各种刺激的反应,因而产生剩余精力。剩余精力需要发泄,就产生了游戏。这种观点认为,游戏活动是剩余精力的产物,是消耗体内多余精力最佳的方法,剩余精力越多,游戏也就越多。儿童不像成人一样需要工作,有更多的剩余精力无处宣泄,因此,只有通过游戏的途径释放自身多余的精力。

2. 生活准备说

这一观点的代表人物是德国生物学家、达尔文主义者格罗斯。其主要观点是:游戏是人与动物都有的一种天赋的本能活动。游戏时间的长短随动物进化的程度不同而不同。越是高级的动物,在成年后维持生存需要所要具备的技能越多越复杂,需要练习的时间也就越久。儿童期的存在就是为了能够游戏。对于人类而言,儿童游戏是一种本能行为,通过游戏,儿童模仿成人世界的生活,具备各种生存能力以适应未来的社会生活。因此,游戏是为未来生活做的准备。

3. 成熟势力说

这一观点的代表人物是荷兰心理学家、生物学家拜敦代克。其主要观点是:游戏不是为未来生活做准备的,不是本能,而是一般欲望的表现。引起儿童游戏的欲望有三种:一是排除环境障碍获得自由、发展个体主动性的欲望;二是适应环境、与环境一致的欲望;三是重复练习的欲望。

4. 松弛说

这一观点的代表人物是德国哲学家、心理学家拉扎鲁斯和法国心理学家帕特里克。其主要观点是:游戏不是发泄过剩的精力,而是一种放松疲惫身心的休闲方式。人类从事艰苦的脑力劳动后会感到身心疲惫,通过游戏可以缓解紧张状态,达到身心的放松和休息。

5. 复演说

这一观点的代表人物是美国心理学家霍尔。其主要观点是:游戏是人类生物遗传的结果。儿童期进行的游戏,都是对远古时期人类祖先活动的复制与再现,是对人类早期文明的复演。当种族的某些本能在游戏中得以再现时,其结果不是被强化而是被弱化,因为这些本能在游戏中得到宣泄,使得儿童在成人之后能够表现出更高级、更复杂的社会行为。这也就意味着,如果儿童通过游戏完成了相当于人类进化的阶段,便达到更高一级的发展水平,进行着下一阶段的进化。

二、现代游戏理论

现代游戏理论是指20世纪50年代以来流行的游戏理论,主要有三种现代游戏理论派别:精神分析流派的游戏理论、认知流派的游戏理论和以苏联心理学家为代表的社会活动流派的游戏理论。进入80年代之后,又相继出现了元交际理论和游戏的觉醒理论。这些理论对我国学者探索游戏的理论和实践都起到了十分重要的借鉴和帮助作用。

1. 精神分析流派的游戏理论

精神分析流派的最早代表是弗洛伊德和他的追随者们。其主要观点是:①游戏补偿了儿童现实生活中不能满足的欲望,使儿童通过再现困难与紧张情绪,缓解心理压力,减少忧虑,从而适应现实生活。②游戏建立在儿童心理生活"唯乐主义"的基础上。弗洛伊德将人格分为三个部分,即本我、自我和超我。其中:本我是人与生俱来的原始冲动,只受享乐主义的支配;自我是现实化了的本能,是在现实的规训中,从本我中分化出来的一部分;超我是人格中道德水平最高的一部分,代表着"我们意识的要求"。婴儿完全受本我支配,随着经验的积累,自我和超我才一起得到发展。从某种程度上来说,儿童正是通过游戏的方式,使自我不断调节并平衡本我与超我之间的冲突和矛盾。

2. 认知流派的游戏理论

这一理论源自瑞士心理学家皮亚杰的认识发生论。其主要观点有以下两种。

1)游戏是同化大于顺应的活动

同化是指主体用自己已有的动作图式去合并或整合外部事物,从而丰富自己的动作,同化并不改变已有的认知结构,而是丰富原有的认知结构。顺应是指主体改变自己已有的动作图式,以适应环境的变化。顺应丰富原有认知结构的前提是改变已有的认识结构。皮亚杰认为,在儿童早期,受认知水平的限制,儿童知识以现有的认知水平去理解外部事物,将外部事物改造成适应自己认知水平和主观愿望的事物。这就是游戏发生的原理。也就是说,儿童在游戏中从自己已有的生活经验出发,按照自己的意愿,改造现实,并再现现实。可见,在皮亚杰看来,游戏是儿童通过练习已有的生活经验,同周围环境相互作用过程中的一种活动方式。它的价值在于巩固已有的认知水平,而不是促进认知水平的提高。

2)与认知发展相适应的游戏阶段

皮亚杰根据儿童智力发展的不同水平,把游戏划分为相继出现的三个阶段:练习性游戏、象征性游戏和规则游戏。练习性游戏出现在认知发展的感知运动阶段(0~2岁),这一阶段的游戏以机体的重复练习性行为为主,游戏的目的是要取得一种机能性的快乐,满足生理上的要求。象征性游戏发生在认知发展的前运算阶段(2~7岁)。这一阶段的儿童已经能够运用表征将外部事物符号化。建构游戏及角色游戏等游戏成为儿童游戏的主要类型。规则游戏发生在具体运算阶段(7~12岁)。这种游戏一直持续到成年。需要指出的是,在皮亚杰看来,即使是规则游戏也仍然在表现着对现实的同化,规则导致集体游戏形式的出现。儿童在形式运算阶段,出现了抽象思维能力,并且能够更好地运用符号表征,因此,有条件和有能力进行更高水平的规则游戏,同时,儿童自身对规则游戏的需求也变得旺盛起来,规则游戏使儿童的思维变得更加灵活,儿童的社会生活更加得心应手。

3. 社会活动流派的游戏理论

苏联心理学家维果斯基提出了人的高级心理机能的文化历史发展理论。他认为,一个人的心理发展顺序是由低级心理机能向高级心理机能发展的过程。其中,高级心理机能是人所特有的心理机能。他将这一理论运用到解释儿童游戏上,提出了以下几个观点。

(1)在学前阶段,游戏尤其是角色游戏,是学前儿童的主导活动。

(2)儿童的游戏不是本能的行为,而是具有社会历史的起源,同人类社会的发生发展有着密不可分的关系。

(3)儿童游戏不单单是同周围环境同化和顺应的过程,成人与儿童的交往在游戏过程中起到至关重要的作用。游戏是一种社会实践活动,儿童通过观察成人的一言一行,在游戏中模仿这些言行,通过游戏的实践逐渐获得了成人世界的行为习惯和思维方式,最终适应社会生活。

20世纪80年代,随着心理学的发展,又相继出现了游戏的觉醒理论和元交际理论。觉醒理论由伯莱因、艾利斯、亨特等人提出,他们认为游戏是由内驱力引起的行为,这种内驱力是神经机制的作用,与中枢神经系统的功能有联系。儿童游戏的动机在于儿童需要寻求某种刺激,以维持和调节中枢神经系统的觉醒水平,使它处于最佳状态。元交际理论由贝特森提出,其主要观点是人类不仅有意义明确的言语交际,而且也有意义含蓄的交际,即元交际。作为一种元交际,游戏是通向人类文化和表征世界的途径和必需的技能,是组成人类文化的现实与基础。

上述各种游戏理论无优劣、对错之分,在解释游戏行为时,都有可取之处,也有不足之处。可见,游戏的本质无定论,各种游戏理论是从不同的方面和维度对游戏行为进行了卓有成效的探讨。

三、我国的游戏理论

20世纪三四十年代,我国老一辈教育家陈鹤琴、陶行知借鉴欧美游戏理论的研究成果,开始了对我国游戏理论卓有成效的探讨,逐渐形成了我国游戏理论的基石。近几十年来,新一代中国心理学家、教育学家更是借鉴先进的国际研究成果,丰富和完善了我国的游戏理论。

总的来说,我国的游戏理论与苏联心理学家的研究成果十分相近。认为游戏的本质是社会性,是对人类社会生活的一种模拟,反映了儿童周围的社会生活。儿童渴望加入社会生产,更多地融入成人世界,但成人实际的身心发展水平限制了儿童这一内在心理需求,因此,游戏成为解决这一矛盾的有效途径。儿童在游戏中,模仿成人生活,极大程度地再现和丰富了真实生活,通过角色扮演、想象表征等方式,极大地满足了身心发展的需求,同时,又促进了身心向更高水平的发展。因此,儿童的游戏是将想象与现实生活巧妙结合的一种独特方式,是儿童生活和学习的主要方式,儿童在游戏中获得身心的发展与精神的愉悦。

第四节 学前儿童游戏的种类

随着身体能力和心理机制的不断发展,0~6岁儿童游戏的主题、内容及范围不断扩大、深入,学前儿童所经历的游戏行为按照不同的维度,可以划分为不同的类型,了解学前儿童游戏的种类有助于我们更加系统地开展学前儿童游戏的理论研究及实践指导工作。

一、从学前儿童认知发展的角度分类

认知发展是瑞士心理学家皮亚杰基于儿童认知发展的研究,该研究认为学前儿童游戏的水平受其认知发展水平的影响,在认知发展的不同阶段会表现出不同的类型特征,据此,可将学前儿童的游戏从认知发展的角度划分为感觉运动游戏、象征性游戏、结构游戏和规则游戏四种类型。

1. 感觉运动游戏

感觉运动游戏又称为技能性游戏、练习性游戏。这是0~2岁儿童最为典型的游戏类型,这类游戏主要出现在儿童认知发展的感觉运算阶段。游戏的内容主要表现为儿童某些简单动作的重复出现,例如,用小锤反复敲击桌面、重复摇晃手铃、重复抛球的动作等,主要动因在于感觉器官在游戏过程中所获得的快感。

链接案例:

13个月大的冉冉嘴里"啊啊"地叫着,手伸向妈妈手中正拿着的摇铃。妈妈将摇铃递给冉冉,冉冉拿在手中摆弄了一下,将摇铃丢在了地上,发出"啪"的一声。妈妈将摇铃捡起又重放在冉冉手中,冉冉随即又将摇铃丢在地上,妈妈再捡起摇铃握在自己手中,冉冉又"啊啊"地伸手要摇铃,妈妈重新将摇铃递给冉冉,冉冉拿起后,立即又摔在了地上。

2. 象征性游戏

象征性游戏是学前儿童最为典型的游戏类型,是认知发展的前运算阶段出现的一种学前儿童游戏类型,大约2岁出现,4岁后比较成熟,5岁后达到高峰,6岁为次高峰,学龄期逐渐消退。

象征性游戏是以角色扮演、以物代物、场景假设为主要形式的游戏,其中,场景假设是象征性游戏发生的标志,以物代物是学前儿童对操作材料的假设,建立在儿童表征能力发展的基础之上,其发生的心理机制是认知发展中符号化功能的出现。角色扮演即以人代人,儿童常扮演的三类角色分别为机能性角色、互补性角色及想象性角色。

链接案例:

在一次角色游戏中,我正在"理发店"旁忙着收拾东西。"小姐,你要理发吗?"一个甜甜的声音在背后响起,我没在意。"徐佳小姐,你要理发吗?"声音加大了,原来在叫我,居然还敢直呼其名,简直"胆大包天",因为太忙就没理会。忽然,感觉我束好的长发在背后被一双小手摸着。看来"理发师"看上了我这一头长发,不去美一下是不行的。再说孩子们怎么知道我的名字的?干脆将计就计趁机调查一下,打定主意后,我马上放下手中的活,转身笑眯眯地说:"谁是理发师啊?"方亦菲站了起来,"我是理发师,绝对给你做好看!""你是怎么知道我的名字的?""听蒋老师喊你的呗,我就知道了。"她一脸神气的样子,小孩的记性真好!

接下来一场顾客与理发师之间的自由交谈开始了。

理发师:"你得低下头,把头发低下来。"

顾客:"你们这儿没有专门洗头发用的躺椅吗?这样不舒服。"

于是菲菲叫了夏源、薛听涵等几个小女孩七手八脚地忙了起来。一会儿,她们就用几张小椅子拼成了一张躺椅。一切动作都比较专业:拔掉我的发圈,像模像样地抓搓头发。打开假水龙头冲了冲,吹头。

理发师:"你想做什么发型?"

顾客:"你看我做什么好,就做什么吧。"

理发师:"童花头好看,我帮你剪个童花头。"美发师一个拿塑料推子,另一拿剪刀,两位理发师像模像样地剪了起来。理发过程我们之间的闲聊也更深入了。

3. 结构游戏

结构游戏,又称建构游戏,在我国幼儿园中属较常开展的学前儿童游戏类型,出现在认知发展的前运算阶段,2岁左右出现,5~6岁达到高峰。结构游戏是学前儿童用各种不同的结构材料(积木、积塑、泥、沙、雪、水等)来建构物体的游戏,具体类型非常丰富。

链接案例:

今天的结构游戏开始了,钦钦与同伴们共同确定了主题后,就决定修建房屋。他来到一个空地区域,选择了能平面镶嵌成型的木片结构,只见他左右手各拿一块木片希望镶嵌并立稳,可是反复几次以后,木板每次都是刚刚立稳几秒就倒下了,他有些失落,没有了耐心,站起来把木片放回收纳箱。就在这时,旁边的小女孩冰冰主动地跑来帮助钦钦,帮着他扶住立好的墙体,四面墙体终于搭成了。之后冰冰去干自己的"工作"了,钦钦现在开始给房子盖顶了,钦钦既要立稳墙体,又要将两块木片镶嵌好呈"人"字形盖好,反复几次都没有成功,开始难过了,正不知怎么办时,一旁的冰冰又跑过来,两人一起小心翼翼地将"房顶"稳稳地盖好了,钦钦的房屋终于搭建好了,两人站在搭建好的房屋前,开心地欣赏着,脸上也露出了轻松的表情。

4. 规则游戏

规则游戏大量发生在认知发展的具体运算阶段,在4~5岁时萌芽。这是一种由两人以上参加的,按游戏规则判定胜负的竞赛性游戏,包括智力性质的竞赛、运动技巧性质的游戏。规则游戏有助于儿童加深对规则的认知、理解和遵守,从而形成良好的行为习惯及道德认知。

链接案例:

小班智力游戏:听听这是什么声音?

玩法一:

(1)放录音一,请幼儿说说听到了什么。

(2)放录音二,请幼儿注意听,分辨出各种动物不同的叫声。

(3)教师问:"仔细听,这是什么在叫?"幼儿答:"汪汪汪,这是小狗在叫",等等,逐一说出并做相应动物的动作。

玩法二:

在两个空八宝粥罐中装入一粒或数粒蚕豆,组成一对音响筒,以此类推,还可组成若干对"雨花石""回形针""塑料块""木珠""弹子""玉米粒"等音响筒。

(1)幼儿先后摇动一对音响筒,分辨装有不同数量物品的筒中发出的声音。

(2)猜猜看哪个筒中装的是一粒,哪个筒中装的是许多粒。第一次玩时,教师要打开筒盖让幼儿验证。

二、从学前儿童社会性发展的角度分类

美国心理学家帕登根据学前儿童在游戏中的社会交往水平,把学前儿童游戏行为划分为六类。

1. 无所用心的行为

儿童无所事事,独自发呆,或玩弄自己的衣服,东游西荡,偶尔会注意看看他人,或碰到什么东西会随手玩弄两下。

2. 袖手旁观的行为

儿童大部分时间都是在看他人如何游戏,偶尔与他人也有交谈,有时提出建议或问题,但并不介入他人的游戏。

3. 单独游戏

专心地独自玩自己的玩具,不注意也不关心别人的存在。

4. 平行游戏

儿童会玩相同的玩具,相类似的游戏,也会有相互模仿的现象,但儿童更多关注的仍是自己的兴趣,彼此间没有合作行为的发生。

5. 联合游戏

学前儿童群体性游戏的一种形式,多个孩子聚在一起共同游戏,能够围绕同一个游戏主题进行讨论,有初步的分工,但共同游戏的水平仍然很低,表现为:主题的坚持性不强,分工不明确,往往有交叉。

6. 合作游戏

学前儿童群体性游戏的另外一种形式,也是学前儿童游戏社会性水平最高的一种游戏类型。表现为以集体共同的目标为中心,有组织、有分工,且分工明确,同时,彼此能够为了达成统一的目标而坚持游戏。例如,大家一起玩雪花片,插一个小公园,甲插小桥,乙插小花,丙插小树……组合一起就成为一个小公园。

以上六种游戏类型中,前两种行为从严格意义上说不是真正的游戏,后来有许多研究者采用这种分类方法时,将前两种行为排除,将学前儿童游戏从社会性发展角度划分为单独游戏、平行游戏、联合游戏、合作游戏等四种。

三、我国幼儿园的分类

我国的幼儿园,通常将学前儿童游戏分为创造性游戏和有规则游戏两类。这种分类方法主要是长期以来受苏联游戏理论的影响,建立在长期学前儿童教育实践和经验之上的一种习惯性模式。这种分类方法主要是依据游戏规则的内隐或外显进行划分。创造性游戏活动的规则是内隐于游戏本身的,儿童游戏时自由度大,可发挥的空间大。有规则游戏活动的规则则是外显的,对游戏活动的制约是明确的,儿童必须严格按照游戏事先制定好的规则进行,自由度小,可发挥的空间小。

创造性游戏强调学前儿童游戏的自主性和创造性,有规则游戏强调游戏过程中儿童的组织性与纪律性。按照游戏形式和内容的差异,创造性游戏又可被划分为角色游戏、结构游戏和表演游戏等三种类型;有规则游戏又可被划分为体育游戏、智力游戏和音乐游戏等三种类型。

拓展阅读

心理治疗家亚历山大·鲁宏曾经说:"人的个性,像树的年轮,是一圈一圈地发展出来的。婴儿的一

圈,代表爱与享受;孩童的一圈,代表玩耍及嬉戏;少年的一圈,代表创作和幻想;青年的一圈,代表情爱及探索;成年人的一圈,则象征现实与责任。一个完全的人,要具备上述所有的特征。"这一圈一圈的发展,遵循着一定的程序。如果有一圈被破坏了,人的个性就会损伤或发育不全,而最易失去或被压制的就是孩童玩耍及嬉戏的这一圈。当今的中国家庭和幼儿园、学校,尤其对孩子的玩耍非议较多,却忽略了"玩"本身也是一种学习,而且是很重要的学习,儿童尤其是学前儿童的学习,大部分是在玩耍中进行的。

思考与练习

1. 学前儿童游戏的本质特征是什么?
2. 研究学前儿童游戏的主要理论学说有哪些?
3. 学前儿童游戏同成人游戏的区别有哪些?
4. 学前儿童游戏的类型有哪些?

实训练习:

实训一　观摩某幼儿园班级的一日游戏活动

目标:

(1)能观察、分析幼儿园一日生活中的游戏类型;
(2)对幼儿园的游戏类型有进一步的认识;
(3)进一步认识学前儿童游戏的基本特征。

内容及要求:

学生进入幼儿园某班级进行一日游戏活动的观摩,并进行详细记录,随后根据记录分析所观察的一日游戏活动中,教师组织了哪些类型的游戏活动?这些游戏活动对幼儿身心发展起到了何种促进作用?

实训二　案例分析

目标:

(1)培养学生分析问题和解决问题的能力;
(2)对幼儿园游戏的本质特征有进一步的认识。

内容及要求:

某老师在语言活动"小乌龟开店"的基础上,组织一次表演游戏。教师一一出示早已准备好的道具。介绍完道具,配班老师带领全班幼儿"开火车"离开活动室去"剧场"看表演。主班老师忙着在活动室里布置场景:一家花店、一家书店、一家气球店。场地布置好了,幼儿由配班老师带领进入"剧场"。主班老师提问:"谁愿意上来表演?""哗!"几十只小手举了起来。第一轮,老师挑了五个没有举手而上次语言活动表现又不好的幼儿来表演。表演时,老师不停地提示幼儿对话,做动作。第二轮,老师请了五个"做得好的幼儿"来表演同一个角色。老师还时不时地按照故事情节规范语言,纠正幼儿的动作。好多幼儿忙着摆弄有趣的道具,忘了表演,老师又不停地提醒……

要求:请结合你对学前儿童游戏的特征,分析本案例中的游戏是否是真正意义上的儿童游戏活动?

第二章
影响学前儿童游戏的因素

学习目标

知识目标：
- 了解影响学前儿童游戏的因素；
- 理解并掌握这些因素是如何影响学前儿童游戏的。

能力目标：
- 能够运用理论分析如何更好地发挥游戏的作用；
- 能够对各种玩教具进行分类。

情境导入：

在一个温暖的午后，一个一岁多的女孩正在院子里玩积木，妈妈坐在旁边的椅子上温和地看着自己的宝宝，宝宝不时地回头看一眼妈妈，妈妈则回以温柔的微笑，宝宝接着陶醉在自己的游戏中。当宝宝再次回头看妈妈时，发现妈妈不在了，宝宝眼睛里充满了恐惧和不安，马上站了起来，刚想哭，只听"喵"地一声，妈妈从一棵树后露出了脑袋，宝宝破涕为笑，眼睛里充满了期待。妈妈继续藏，宝宝继续找，整个院子里充满了母女的欢声笑语。这次妈妈藏的时间长了一点，等再次露出脑袋时发现宝宝不见了，马上出来找宝宝，只见宝宝从另一棵树后探出脑袋也学着妈妈的样子发出"喵"的声音。

每个人对童年和父母一起的游戏都记忆深刻，捉迷藏是每个儿童都热爱的游戏，案例中的小女孩在妈妈的带动下逐渐学会了捉迷藏，整个过程孕育着社会性游戏的所有萌芽：卷入、轮流交替、等待、重复等。同母亲温馨和谐的亲子关系正是激发儿童游戏的欲望，掌握游戏技巧的重要原因。

游戏是学前儿童主要的生活和学习方式，通过游戏学前儿童获得身心的健康发展。科学指导学前儿童游戏是每一位教师和家长的责任，了解和掌握影响学前儿童游戏的因素对科学开展游戏指导具有重要的意义。

从性质上来看，影响学前儿童游戏的因素包括客观因素和主观因素两类。其中，客观因素主要是指物理环境因素和社会环境因素对学前儿童游戏的影响，主观因素主要是指学前儿童的年龄、性别、个性等个体因素对学前儿童游戏的影响。

第一节　影响学前儿童游戏的物理环境因素

物理环境因素是指游戏中物的因素，主要包括游戏场地、游戏材料、游戏时间等几个方面。

一、游戏场地

游戏场地是学前儿童进行游戏的物质基础，游戏场地主要是从游戏空间的大小、空间布局、室内还是室外等几个方面影响学前儿童游戏。

(一)室内游戏空间对学前儿童游戏的影响

1. 室内游戏空间密度对学前儿童游戏的影响

空间密度是指儿童在游戏环境中人均所占空间大小,也即室内的拥挤程度。空间密度的计算公式为:

$$空间密度 = \frac{活动室的大小 - 不可用空间的大小}{活动室儿童人数}$$

史密斯和康洛利在一项研究中,观察学前儿童在不同空间密度下所发生的游戏行为,他们将每个学前儿童的空间密度分别设定为平均 $1.4\ m^2$、$2.32\ m^2$、$4.64\ m^2$ 和 $7.0\ m^2$,研究结果发现,当空间密度从 $7.0\ m^2$ 降至 $2.32\ m^2$ 时,学前儿童的大动作游戏如追逐、打闹等明显减少,具有较高社会性和认知水平的团体游戏增加,而当空间密度降至 $1.4\ m^2$ 时,则攻击性行为增加,团体行为减少。因此,研究者认为 $2.32\ m^2$ 是有效的可利用游戏空间。

可见,游戏空间并非越大越好,也并非越小越好。为学前儿童安排游戏空间时要适当调整游戏的空间密度。当学前儿童发生太多打闹行为时,可利用玩具柜或其他物品将游戏区分隔或增加相应的游戏设备,从而缩小游戏活动范围,减少打闹、争抢行为的发生。反之,若学前儿童游戏时身体接触过多,干扰同伴,则需要减少游戏设施,扩大游戏场地,减少攻击性行为发生的概率。

2. 室内空间结构对学前儿童游戏的影响

游戏场地的空间结构是指空间的开放与区隔及其区隔方式等。不同的开放与分割区域以及区隔形式对学前儿童游戏会产生不同的影响。研究表明,开放性的游戏区域能够激发学前儿童群体性的规则游戏及大动作游戏,而较小区隔形式能够激发学前儿童高水平的智力游戏及社会性游戏。因此,科学合理地安排室内的游戏区隔对提高学前儿童的游戏水平十分重要。

具体而言,室内游戏区角的布置一般遵循"动与动结合、静与静结合,便于取材"的原则。如图书区可与科学探索区安排在相邻的两个区角,娃娃家可与表演区相邻,建构区往往需要较宽敞的空间,以便学前儿童进行地面的群体游戏,并且为了降低噪音,要在地面铺上软垫。建构区的作品往往能够激发学前儿童角色扮演的兴趣,因此可与娃娃家及表演游戏区相邻。区域之间的过道宽敞清晰,以便学前儿童能够分清楚各个游戏区域,从而保证学前儿童对各活动区的适当流动与参与。

3. 游戏场地的地点对学前儿童游戏的影响

游戏场地可以在室内,也可以在室外。研究表明,如果给学前儿童自己选择的机会,年长的学前儿童比年幼的学前儿童更倾向于选择户外游戏,而且男孩比女孩更喜欢户外游戏,男孩在户外游戏的时间和游戏频率也高于女孩。另外,在户外游戏场地,较少发生角色游戏和建构游戏。

(二)户外游戏场地对学前儿童游戏的影响

户外游戏场地可分为传统游戏场地和现代游戏场地。

1. 传统游戏场地对学前儿童游戏的影响

目前,我国幼儿园户外游戏场地设置大多以传统游戏场地为主。此种游戏场地一般安置一些常见的室外游戏器械,如滑梯、秋千、跷跷板、攀登架、旋转木马等。这些器械不仅外形体积较大,且多为固定设置,每种器械只有一种功能,虽然在物理位置上摆放在一起,但器械之间缺乏有机联系。幼儿操作这些游戏器械大多开展一些大肌肉的运动,由于器械玩法固定,幼儿很难开发出一些创造性的玩法,因此限制了想象力的发展。

2. 现代游戏场地对学前儿童游戏的影响

现代游戏场地的设置与传统游戏场地有明显的区别,场地大多由专业设计师或建筑师设计,由木材、塑料或金属器械等构成,将多样化功能的游戏设备和不同功能游戏区域巧妙联结在一起,四周有沙土或草坪,甚至把沙箱、小水池和小花园等也包含其中,可以带给学前儿童多样化的游戏设施和经验,因此又被称为创造性游戏场地。创造性游戏场地可以弥补传统游戏场地的不足,游戏设施大多可移动,可相互组合,开发出许多创造性的玩法,从而在使学前儿童获得身体锻炼的同时,创造力与合作性也得到发展。

二、游戏材料

学前儿童的大多游戏行为都伴随有对游戏材料的操作,离开对游戏材料的操作,许多游戏无法顺利开展,因此,游戏材料是影响学前儿童游戏的又一重要因素。具体而言,游戏材料从以下三个方面影响学前儿童游戏的发展。

(一)游戏材料的种类影响学前儿童的游戏行为

游戏材料按照功能的不同可以分为以下几种。

1. 形象玩具

形象玩具主要是指各种仿真玩具,包括角色玩具和用具玩具。娃娃、小鸡等玩具属于角色玩具;交通工具、日用品等玩具属于用具玩具。

2. 结构玩具

结构玩具主要是指各种材质的结构材料。如积木、积塑、沙、毛线、纸张、雪、橡皮泥等,既可以是成品玩具,又可以是废旧材料,如直筒、纸盒等。

3. 智力玩具

智力玩具主要是指各种侧重于开发学前儿童智力的玩具,如七巧板、魔方、拼图、纸牌、飞行棋等。

4. 体育玩具

体育玩具主要是指各种体育活动中使用的设备、器械和材料。体育玩具可分为:大型游戏设施,如攀登架、滑梯等;中型游戏设施,如秋千、跷跷板等;小型游戏设施,如跳绳、呼啦圈、皮球、毽子等。可以是成品,也可以由废旧材料自制。

5. 音乐玩具

音乐玩具主要是指各种能够发出悦耳声音的玩具,如风铃、口琴、沙锤、小喇叭等。

6. 娱乐玩具

娱乐玩具主要是指各种单纯娱乐性质的玩具,如不倒翁、小猴打鼓、小鸡吃米等。

7. 某些日常物品或天然材质及自制玩具

这类玩具有多种用途,如废旧轮胎、各种包装盒、小瓶子、纱巾等。

(二)游戏材料的数量影响学前儿童的游戏行为

游戏中投放的游戏材料的数量也会引发学前儿童不同的游戏行为。具体来说,同一种材料数量较少时,容易引发小班幼儿的争抢行为的发生,而在中班、大班学前儿童那里则易引发合作游戏。同一种材料数量较多时,小班幼儿多以平行游戏的方式开展游戏,但游戏的材料并非越多越好,游戏材料投放多于学前儿童需要时,反而会影响学前儿童对游戏材料的选择,会发生材料浪费的现象或发生不投入游戏等现象。

(三)游戏材料的搭配关系影响学前儿童的游戏行为

刘焱教授研究发现:如果只给学前儿童炊具、餐具等玩具游戏材料,而不给学前儿童布娃娃,则主要出现的是技能性游戏,较少出现角色扮演游戏。而当布娃娃出现时,"做饭"不再单纯是"做饭",而变成"给布娃娃做饭",从机能性游戏变成了角色游戏。

由此可见,我们在给学前儿童提供游戏材料时,不仅要注意材料的数量,还要注意其搭配关系,更好地发挥游戏材料的系列化、联系性对学前儿童游戏和智力发展的推动作用。

三、游戏时间

游戏时间是保证游戏质量的重要因素。一般而言,游戏时间长,容易发展出社会性和认知层次较高的游戏形式,如表演游戏、角色游戏等,游戏时间短,学前儿童往往只从事社会性和认知层次较低的游戏行为,如旁观行为、过渡性行为和一些操作实物的机能性游戏。但游戏时间并非越长越好,游戏时间过长,易引发学前儿童疲劳,并降低对游戏内容的兴趣,从而影响游戏的坚持性和持续发展。一次游戏的时间一般应不少于半个小时,不超过一个小时。

第二节 影响学前儿童游戏的社会环境因素

影响学前儿童游戏的社会环境因素主要是指人的因素,包括家庭、同伴、传媒和课程等方面的因素。

一、家

家是学前儿童生活的主要场所,主要从亲子关系、家庭结构、家庭氛围、父母育儿态度四个方面影响学前儿童游戏。

(一)亲子关系

婴幼儿大概在6~18个月时产生最早的亲子依恋,亲子依恋对幼儿的性格、社会性及游戏行为均有影响。

良好的亲子关系为学前儿童的游戏提供了安全感和强化作用。幼儿游戏时安全感的获得帮助幼儿在游戏时更加大胆地尝试与探索,值得一提的是,父亲同母亲相比,与幼儿共同游戏时,常鼓励幼儿大胆尝试,游戏中冒险的成分较多,对幼儿好奇心、探索与勇气的培养意义更大。且常同父亲相处,学前儿童从父亲那里获得的男性形象对成年后的人格形成具有较大的意义。

(二)家庭结构

这里主要从家庭结构完整与否的角度来探讨不同家庭结构对学前儿童游戏行为的影响。研究表明,完整的家庭结构和家庭成员间的和谐关系所营造的氛围使得学前儿童的家庭行为更加充满安全感与自信感,从而在游戏中探索与勇于尝试的成分更高,来自完整家庭的学前儿童比单亲家庭的学前儿童开展象征性游戏的能力更强,他们更倾向于以物代物,游戏的内容也更加丰富。

(三)家庭氛围

即使是完整的家庭结构,家庭成员间的关系也会对学前儿童的游戏行为产生影响。家庭成员间和睦的关系为学前儿童游戏营造了安全、温馨的氛围,游戏水平的发展程度更高,而不和睦的关系导致家庭氛围不和谐,父母缺乏对学前儿童的关心,导致学前儿童信任感和安全感的消失,进而影响学前儿童的游戏水平。研究表明,在和睦的家庭氛围中成长的学前儿童社会性发展水平更高,象征性游戏发展的水平更高。

(四)育儿态度

育儿态度是指父母的行为特点和个性品质造成的对子女的养育方式。研究表明,育儿态度主要是从游戏的品质、游戏的偏好及游戏的风格等方面对学前儿童的游戏产生影响。育儿态度一般分为四种类型。

敏感型:其特点是家长对学前儿童过度保护,导致学前儿童在游戏中缺乏主见,好模仿,游戏中往往独创性不足。

放任型:其特点是家长对学前儿童漠不关心,放任自流,导致学前儿童在游戏中自主性强,但合作性差,往往缺乏良好的人际交往技巧,而在与他人共同游戏中容易发生摩擦。

专制型:其特点是家长对学前儿童的要求往往十分严格,导致学前儿童在游戏时缺乏自信,更倾向于独自游戏。

民主型:其特点是家长与学前儿童关系融洽,家庭相处中更愿意倾听与尊重学前儿童的意见,使得学前儿童在游戏时更倾向于开展社会性较强的游戏。

二、同伴

游戏中结成的伙伴关系直接对游戏的性质和游戏水平产生影响。

(一)有无同伴

学前儿童在有同伴陪伴下和无同伴陪伴下开展的游戏行为是有所区别的。在有同伴一起玩耍时,游戏内容更加趋向复杂,学前儿童更多地探索物体的性质,并更多地运用想象装扮和使用物体。同时,游戏过程中同伴的互相协作,增强了学前儿童游戏的社会性和合作性。

(二)同伴的熟悉程度

一般情况下,学前儿童更加倾向于同熟悉的同伴共同玩耍,熟悉的同伴之间更容易发生社会性较强的游戏,游戏的水平也更高,更趋于复杂。不熟悉的同伴之间共同游戏更容易引发机能性游戏,这是因为熟悉的同伴更容易给学前儿童带来安全感,且游戏中拥有更多的共同经验,更加利于游戏的开展。

(三)同伴的年龄

同龄的学前儿童由于社会经验相似,心理与生理发展水平相当,因此游戏中共同的兴趣点更多,游戏技能相当,更容易形成共同游戏的倾向,有助于游戏的顺利开展,儿童在游戏中通过不断的比较,整合自己的行为,促进游戏水平的不断提高。

值得一提的是,混龄幼儿共同游戏对学前儿童发展的促进价值是非常显著的。混龄儿童在一起游戏,可以促进一些新的社会行为的发生,对大龄儿童来说,同年纪小的儿童一起游戏,需要更多的责任心与同情心,带领、安排、照顾年纪小的幼儿,组织能力获得锻炼与提高,同时,能够更好地展示自己的游戏经验与技能,又可以从共同游戏中体验到一种自我满足感。对小龄儿童来说,同年纪比自己大的儿童一起游戏,可以掌握更多的人际交往技巧及游戏技能,又在游戏中体验冒险带来的成功感,锻炼勇气与坚持性。

链接案例:

一个春日的午后,5岁的洋洋、5岁的明明、4岁的奔奔和3岁的鹏鹏正在院子里玩"过家家"的游戏。鹏鹏是"家"里的"小宝宝",正在等着吃饭。他走上一级台阶,双脚离地跳了下来,稳稳落地,他高兴地"哇、哇"叫出声来。这惹来了洋洋和明明的关注,他们是"家"里的"爸爸"和"妈妈"。他们走向鹏鹏,示意鹏鹏站到第三级台阶上,一边一个站在鹏鹏身边,拉着鹏鹏的两只手,鼓励鹏鹏跳下来。鹏鹏开始有些犹豫,但在洋洋"别怕,我们扶着你"的鼓励下,一跃而下,洋洋和明明果然紧紧抓住他的两只手,鹏鹏稳稳落地,三人一齐高兴地大叫起来。

(四)同伴的性别

一般而言,学前儿童更倾向于与同性别的同伴一起玩耍。同性别学前儿童一起游戏时,游戏持续的时间更长,游戏的社会性水平更高。

三、传媒

信息社会、电视传媒与计算机传媒对学前儿童生活的影响越来越大,进而也不可避免地影响着学前儿童的游戏行为。

电视、计算机等媒体集视觉和听觉于一体,丰富多彩的画面与形象动听的声音对学前儿童而言有着巨大的吸引力。通过电视、计算机媒体,学前儿童获得许多生活经验,并将这些经验表现在游戏中,丰富了游戏的内容。

但电视、计算机等媒体也在某些方面为学前儿童的身心及游戏行为带来了不利的负面影响。学前儿童自制力差,观看电视、计算机往往难以克制,时间过长,会造成身心的疲劳与视力的下降。同时,我们很难完全排除媒体节目中那些不适合学前儿童观看的内容,而不合适的电视内容又会对学前儿童的身心发展产生不利的影响。

链接案例:

乐乐今年已经5岁了,是班级中个子最大、力气最大的男孩。他经常欺负其他小朋友,有时会双手一起拍打小朋友的肚子,把小朋友拍哭。有时故意拧小朋友的耳朵,有时学着武打片里的动作,向其他小朋友操练一番,把小朋友的衣服弄脏、撕破,甚至打伤小朋友的眼睛、鼻子。每次发生这种行为,我都会将他呵斥一顿,他总是痛哭流涕地保证下次绝不再犯。可是没多久故技重施。每次离园时我都要为乐乐向受伤幼儿的家长解释、道歉,有的幼儿家长已经闹到园里,让乐乐离开班级,我也多次跟乐乐的妈妈说这种行为的危害,可是她和我费尽心思还是无济于事,我作为班主任非常苦恼……

【案例来源】罗长国.幼儿园管理【M】.高等教育出版社,2010.

链接案例:

研究人员将同样5岁的幼儿分为两组:一组幼儿通过动画片了解《白雪公主》的故事,另一组幼儿通过听故事了解《白雪公主》的故事。接下来,研究人员要求两组幼儿将白雪公主的形象画出来,结果发现,看动画的一组幼儿画出的白雪公主的形象大致相同,都是模仿动画片中的形象画的。而听故事的一组幼儿画出的白雪公主形象则各式各样。从而可见,电视节目抑制了学前儿童想象力与创造力的发挥。

四、课程

不同的课程模式对学前儿童游戏的影响是不同的。幼儿园课程往往有两种模式:一是强调教师中心的高结构化课程,如蒙台梭利课程模式;二是强调学前儿童为中心的低结构化课程,如瑞吉欧课程模式。高结构化课程中,教师作为组织者、调控者,控制整个活动过程,学前儿童在游戏中表现出来的自主性及主动性不高。低结构化课程中,幼儿拥有更多自主选择的权利,活动目标比较模糊,活动过程自由,儿童自主性更高。

第三节　影响学前儿童游戏的个体因素

学前儿童的性别、年龄、个性及健康状况均可能影响游戏行为。

一、性别差异

性别差异主要表现在对游戏类型、内容、游戏材料、角色扮演等方面的喜好。

一般而言,在活动类型上,男孩子一般更喜欢运动量较大、富有冒险性的游戏,女孩子更喜欢运动量小、安静的游戏,男孩子更喜欢玩一些反映社会生活的主题,如"警察抓小偷""打仗"等游戏,女孩子更喜欢玩一些反映家庭及幼儿园生活的主题,如"妈妈照顾宝宝""老师教学生"等游戏。在游戏材料的选择上,男孩子更倾向于结构性玩具或体育玩具,女孩子更倾向于形象玩具。

二、年龄差异

不同年龄的学前儿童由于身心发展水平的不同,因此在游戏的技能及游戏方式上存在着差异。小班儿童更倾向于独自游戏和平行游戏,中班儿童主要以联合游戏为主,大班儿童则主要进行合作游戏,游戏的社会性水平随年龄的增长不断提高。在游戏内容上,随着年龄的增长,由主要围绕家庭和幼儿园生活开展,逐渐扩大到社会生活的多个方面。

三、个性差异

由于学前儿童的个性以及情感、社会性等心理特征所表现出来的相对稳定的倾向性不同,也使得学前儿童在对游戏的兴趣和游戏的风格等方面表现出不同的倾向特征,即在游戏上表现出明显的个性差异。

学前儿童游戏兴趣的差异表现为游戏性强或弱,即爱玩或不爱玩。一般来说,那些想象力丰富、好奇心强、情感丰富、有幽默感、性格开朗、好与人交际的学前儿童,具有更高的游戏性,表现为爱玩游戏,而且社会性和想象游戏的发展水平较高。儿童在游戏风格上的不同表现为游戏的想象性强或弱,即爱想象或不爱想象。前者对周围的人以及人与人之间的关系更感兴趣、更敏感,他们的游戏强调反映人们的日常生活活动,情境性较强。而后者对实物世界表现出浓厚的兴趣,他们倾向于探究游戏材料的性质,把游戏材料构想成某种形式或结构,或按照某种关系进行分类排列。儿童游戏的这种在风格上的差异,不是截然对立的,只能看作是在某一特定发展阶段上的倾向性或特征。

四、健康或情绪等个体偶然因素的影响

学前儿童如果患有疾病,就不宜进行一些活动量较大的游戏。而疾病往往会影响学前儿童的游戏兴趣。如果学前儿童疲倦或刚刚发生了不高兴的事情,就不应勉强儿童进行游戏。

思考与练习

1. 什么是空间密度?
2. 游戏的物理环境包括哪些?它们是如何对学前儿童游戏产生影响的?
3. 游戏的社会环境包括哪些?它们是如何对学前儿童游戏产生影响的?
4. 影响学前儿童游戏的个体因素有哪些?

第三章
幼儿园游戏环境创设

学习目标

知识目标：
- 了解良性游戏环境的特征；
- 了解并掌握游戏场地创设的基本原则与方法；
- 了解并掌握游戏材料投放的一般方法与技巧；
- 了解并掌握游戏时间安排的一般要求与方法。

能力目标：
- 能够就某一游戏环境布置合理与否进行理性分析；
- 能够运用理论对某一年龄班游戏环境进行合理布置。

情境导入：

我班孩子对"理发店"游戏很感兴趣，每次活动时，理发店总是人满为患。但在游戏中，幼儿的表现却不尽如人意，他们只会反复剪头发、吹头发，此外，再无其他游戏情节。针对这种情况，我对理发店的游戏材料进行了相应的补充，增加了各种小卡子、橡皮筋、蒸头发的机器、洗头发用的小躺椅和一个自制的淋浴器。于是，理发店的游戏情节随着材料的增加日渐丰富起来。有的孩子当发型师，有的孩子专门负责洗头，还有的孩子在招揽生意，理发店成了最受孩子们欢迎的游戏。

第一节 幼儿园游戏环境创设概述

游戏环境作为游戏开展的物质保障之一，近年来越来越受到业内人士的重视，合理而富有教育意义的游戏环境能够最大限度地激发儿童游戏的兴趣，启发儿童游戏过程中的创造性思维，鼓励儿童克服游戏中面临的困难，促进儿童之间的亲密合作，协助儿童顺利地开展各类型游戏。因此，作为幼儿教师，需要具备创设良好的游戏环境的能力，本章我们共同探讨幼儿园游戏环境创设的相关问题。

一、游戏环境的含义

游戏环境是指游戏活动得以实施的一切条件的综合，包括物质环境和心理环境。本章我们重点讨论幼儿园游戏的物质环境，包括幼儿园游戏的场地、游戏材料、游戏时间等。

二、游戏环境的作用

1. 游戏场地对游戏的影响

游戏场地有户外游戏场地和室内游戏场地之分，游戏场地的大小、密度及结构都会对儿童游戏产生直接的影响。有研究表明,足够的空间可以保障儿童游戏的顺利进行,使儿童在愉快、安全的氛围中开展游戏;相反,狭窄的空间会使在儿童游戏时产生紧张、压抑的情绪,彼此争夺游戏空间及游戏材料的行为概率会增加,从而阻碍儿童游戏的顺利进行。

拓展阅读:

在开展区域游戏活动时,要想让幼儿既不相互干扰,又能时时进行互动交流,那么在设置区域场地的时候,教师要考虑以下几个原则。

(1)自发性原则——环境的布置能引导幼儿自发地在自己的活动区游戏。具体做法如下:

◆用桌子、柜子、隔板等物体将活动室划分为若干个游戏区域,让幼儿有选择的余地,能够在自己选择的区域专注地游戏,可减少打闹及攻击性行为的发生。

◆用不同质地的铺设物(地毯、地板革、榻榻米)或改变不同区域的光照明度来暗示区域的界限,以界定游戏的范围和特性。铺设物还有利于消除噪声。

◆各区域之间要留有清楚的走动线,避免正在进行中的游戏被打扰。

◆分隔物的高低视幼儿的年龄特点而变化。小班幼儿需要相对开放的空间,因此,分隔物不要太高,要能保证幼儿随时看到教师,使他们获得心理上的安全感,也便于教师指导。中班幼儿有了一定的自控能力,分隔物以幼儿坐下来抬起头能够看到教师为宜。大班儿童的自我独立意识较强,分隔物最好由幼儿自己选择并决定其封闭程度。

(2)相邻性原则——创造幼儿游戏操作的便利条件。具体做法如下:

◆将性质相似的区域设置在相邻的位置,使幼儿能够产生互动行为。例如:"娃娃家"与建构区相邻,便于两区幼儿之间的交往;大型建构区与小型建构区安排到一起,便于激发幼儿的更多创意。

◆考虑幼儿的需要,将需要水、采光的区域放在便于取水、靠近光源的地方。

(3)可变性原则——支持幼儿相互学习、激发创意。具体做法如下:

◆可以在作为分隔物的柜子下面装上万向轮,或用屏风、布帘等物来分隔区域,使幼儿能够弹性地变换和组合游戏区。

◆充分利用空间,相邻区域共用分隔物,使材料能相互通用。

(4)多样性原则——提供分类的材料,便于幼儿运用单一材料或综合材料游戏。具体做法如下:

◆每个区域都应摆放材料的分类架或收纳材料的收纳筐,便于幼儿选取和整理材料,减少无效游戏时间。

◆区域分类不要过细,以免使幼儿失去选择的余地。例如:不要把手工制作区分为纸工区、泥工区、绳编区,可将这三类材料摆放到一起,鼓励幼儿调动已有的知识经验综合运用材料进行创作。

(5)转换性原则——启发幼儿转换游戏空间和视觉空间。具体做法如下:

◆区域的空间分隔应该是动态的,以便教师能够经常变换区域的位置,给幼儿新的刺激,激发幼儿的游戏愿望。

◆教室里的桌子最好是两人共用的长方形书桌,便于幼儿搬动组合。架子、隔板、地面铺设物也要尽可能方便幼儿移动。

◆阳台不要全封闭,要让幼儿能够通过栏杆向下看到户外的事物,便于转换幼儿的观察点和视角,进行户外游戏。

◆将室内游戏转移至室外,使室内外游戏之间可以自由转换。

(6)互动性——促进幼儿在操作过程中与环境和他人进行互动。具体做法如下:

◆鼓励幼儿参与环境设置,改变区域环境以激发幼儿的创造力与想象力,创造性地开展游戏活动。

◆游戏初期视空间大小规定区域游戏的人数。随着幼儿游戏水平的提高,逐步放宽限制,由幼儿自行决定参与人数。

◆操作台面不要靠墙,应便于幼儿围坐、欣赏同伴作品及相互交流经验。

下面是建构区环境创设的要求:

①大小建构区域相邻;
②空间大,宽敞,至少两面开放;
③游戏空间具有动态性,能随时调整;
④区域内要有保留、展示作品的空间;
⑤地面有铺设物,减震、除噪、保暖,形成区域划分界限;
⑥有与幼儿年龄、建构主题对应的环境布置;
⑦儿童自行决定主题和作品的保留或更换。

实践证明:以上区域环境创设的方法便于幼儿与教师之间、幼儿与幼儿之间的全方位互动,有利于幼儿的主动学习。

2. 游戏时间对游戏的影响

游戏时间影响着儿童游戏的质量。儿童游戏同幼儿园正规的教学活动不同,一次游戏的时间一般不少于半个小时,不超过一个小时,才能够保证儿童顺利开展游戏。游戏时间过短,儿童往往刚选择好游戏主题、制订了游戏方案、刚开始进入游戏状态,游戏便结束了,使得儿童在游戏中完全没有机会和时间施展更多的想法,进行更多的操作,将严重影响本次游戏的质量,同时,也会对儿童下次选择同类型游戏产生消极的影响。游戏时间过长,超过一个小时,往往会出现儿童已经尽兴,但游戏仍未结束,剩下的时间成为真正意义上的"垃圾时间"。儿童之间争抢游戏玩具、争抢游戏场地、相互破坏等行为发生的概率便会上升,使得原本十分有意义的游戏活动不得不草草收场,同样也会对儿童再次选择同类型游戏的兴趣产生消极的影响。

3. 游戏的心理环境对儿童游戏的影响

游戏的心理环境是指游戏中的人际关系及由此形成的心理氛围,如同伴关系、师幼关系等。游戏中,教师对儿童游戏的指导方式是直接干预还是耐心引导,是否鼓励儿童主动创造、自主游戏等,都会影响儿童的游戏行为及游戏感受。平等、和谐的师幼关系能够为儿童营造安全、舒适的游戏环境,最大限度地激发儿童的游戏欲望及创造性游戏行为的产生。游戏中同伴是相互干扰还是相互协作,同样影响着游戏的顺利进行,总而言之,和谐的同伴关系是儿童游戏水平不断提高的重要的催化剂。

三、良好游戏环境的特征

1. 开放性

现代儿童游戏具有极大的开放性,表现在游戏的方方面面。例如:游戏的场所不再局限于室内,可以是室外、甚至户外;游戏的类型可以是单一的,也可以是多样的,取决于儿童自愿;游戏中的规则可以由儿童自行决定;游戏的操作材料也可以由儿童自选,可以是成品玩具,也可以是半成品玩具,甚至是儿童自己加工制作的玩具;游戏的时间、主题、方案等内容都可以由儿童自主决定。总而言之,游戏的开放性极大地满足了儿童游戏的需要,也只有在开放的环境中,儿童才能够最大限度地发挥主观能动性,积极开展各类游戏活动。

2. 适宜性

游戏环境的适宜性首先体现在游戏的环境符合儿童的年龄特征及身心发展的需要。儿童游戏是儿童对已有生活经验的模仿或重建,因此,游戏环境要最大限度地保证贴近儿童生活现实。这就要求游戏场景的搭建要以儿童的生活经验为基础,根据不同年龄阶段儿童接触社会多少的不同,小班可主要围绕家庭及幼儿园场景进行搭建,中到大班游戏场景可逐渐扩展到如银行、医院、餐厅等地。游戏材料的投放在种类、数量和规格上要求适合儿童年龄特点,如小班儿童多投放体积大但重量轻的操作材料,外形单一但颜色鲜艳的操作材料,最好人手一套。中到大班可增加一些半成品材料或废旧材料,鼓励儿童自己动手制作所需的操作材料。

游戏环境的适宜性还体现在环境要切实有效,而不是仅仅停留在华丽的摆设的层面。具体来说:游戏区角的设计要符合班级人数和班级面积的要求,尽量选择儿童能够实际操作的游戏类型,而不简单追求"大而全";操作材料不单一,但也不盲目追求"多而全",而是视儿童的操作能力和游戏的需要有的放矢地投放。

3. 参与性

游戏的参与性是指儿童参与游戏环境的布置。儿童根据自己的喜好布置环境,选择游戏的主题,参与游戏材料的制作等。教师要有意识地鼓励儿童在选择了主题之后,以小组活动方式自行布置相关主题的环境。这能够极大地激发儿童游戏的兴趣,还能帮助儿童在游戏过程中自发遵守游戏规则。在游戏结束时,教师要指导儿童对游戏材料和相关布置物进行分类回收。

第二节 学前儿童游戏环境的创设

一、游戏场地的创设

1. 户外游戏场地的创设

《托儿所、幼儿园建筑设计规范》(JGJ 39—1987)中规定,托儿所、幼儿园需要配备室外游戏场地以满足儿童室外活动的需要。儿童的学习和生活不仅仅局限于教室内,还需要在户外参与更为自由的体育及娱乐活动。户外游戏场地是儿童们所钟爱的活动环境,创设户外游戏场地需要从以下几个方面进行考虑。

1)场地多样化

按照《托儿所、幼儿园建筑设计规范》的要求,全园共用的室外游戏场地面积应不小于以下计算公式的数值:

$$室外共用游戏场地面积 = 180 + 20(N-1)$$

其中,180、20、1 为常数,N 为班级数(托儿班除外)。

室外游戏场地要求富有变化,能够激发儿童多种经验,诱发儿童多种游戏行为,让儿童在接近自然的环境中自由活动,获得身心的愉悦和肢体的锻炼。幼儿园室外游戏场地一般包括水泥地坪、塑胶跑道、草坪及沙坑。此外,有些幼儿园还配备有风雨操场,供儿童在雨天进行户外活动。这些场地有高有低、有凸有凹,有平地、坡地、阶梯等。这些地质不同的场地能够为儿童的多种身体动作能力及思维水平发展提供需要。如坡地能够锻炼儿童的平衡能力,沙坑能够让儿童感知重力及地心引力,等等。儿童通过室外游戏,逐渐发展大肌肉群的动作能力,学会如何控制自己的身体动作,对儿童身心协调发展起到了非常重要的促进作用。

2)设备设施多样化

室外游戏场地一般配备有大型的游戏设施,如滑滑梯、秋千、攀登架等。这些设施可以是固定位置的器材,如滑滑梯,也可以是不固定位置的器材,如攀登架、秋千等,可以是单一功能的活动器材,如秋千,也可以是多功能组合型器材,如滑滑梯、攀登架等,可以是成品的大型器材,也可以是自制材料的活动设施,如国外就有用木材搭建的滑滑梯,用铁板搭建成的攀登架等。自制器材往往使用更为灵活,不仅可以自由设置位置,更重要的是可以激发儿童的想象力和创造力,自由组合出多种造型,供儿童多种娱乐行为的使用。

值得一提的是,不少幼儿园,特别是农村幼儿园,不必一味地追求造型美观、造价昂贵的成品大型活动器械。完全可以因地制宜,开发富有地方特色的原生态户外活动器械。让儿童在接近自然的氛围中,自由地组合各种活动材料,搭建富有个性及创造性的活动设施。这样不仅锻炼了儿童的思维能力,又锻炼了儿童的动手能力,是一举两得的好方法。

3)区域分布合理化

室外游戏场地宽阔,但布局也有不小的讲究。一般而言,户外游戏场地可以划分为运动器械区、沙水区、种植区和自然区等,各区域要求既相互独立,又通过通道相连,方便儿童自由活动和集体活动。

运动器械区一般放置滑滑梯、秋千、攀登架等设施,用于儿童进行攀、爬、跑、钻等活动,锻炼身体的协调性和灵活性,地面材质一般选择塑胶或软性材料。

沙水区一般设置有沙坑、水池,供儿童玩沙、玩水使用,幼儿玩耍时,教师可以为其提供铲子、筛子、小桶、漏斗、各式容器等,锻炼儿童的手眼协调能力及思维能力。

种植区一般为幼儿园的一片土地,可以种植各式水果、植物、蔬菜等,有条件的幼儿园可以配备一块种植区,锻炼儿童的动手能力,培养其对自然知识的了解和热爱劳动的习惯。

自然区一般要求幼儿园在跑道或沙坑的一角种植各种植物,便于幼儿观察植物的生长,培养幼儿爱护环境的意识及亲近自然的天性,同时,也起到美化校园的作用。

4)环境营造自然化

当前的教育理念是希望幼儿园教育尽力为儿童提供一个亲近自然的真实环境,以保护儿童的自然天性。而户外游戏场地应当与室内游戏场地明确区分开来,两者最大的不同就在于户外游戏场地是儿童最适宜接近大自然、探索大自然的区域。户外游戏场地不仅从设置上要配备平地、草地、沙坑、自然角等,同时,这些区域要有机地整合,注意与自然环境相和谐。比如,种植的花草树木应该是适宜在当地存活的物种。只有自然的环境,才能够让儿童任意地、放心地玩耍。

2. 室内游戏场地的创设

教室作为儿童一日生活学习的主要场所,其在区域布置上应不仅美观协调,而且更富有教育意义。一般而言,室内游戏区域的布置应满足以下几点要求。

1)根据班级实际情况设置游戏区域

根据班级面积、儿童人数及儿童实际身心发展水平,教师要选择合适数量和种类的游戏活动,设置合适的游戏区角。目前,我国幼儿园开设的游戏区一般有角色游戏区、建构游戏区、表演游戏区、图书区、美工区等。教师在选择游戏区角时要根据本班儿童的喜好和能力进行实际取舍。例如:30人的班级设置4~6个区域为宜;小班可开设积木建构、娃娃家等;中班、大班可增加图书区、表演区等。

2)合理布局各个游戏区角

多个游戏区角的布置也有一定的要求,具体来说,各区角之间既要相互间隔又要彼此相容。也就是说,游戏的区域要划分清楚,便于儿童进行自由选择,可用柜子、大型塑料积木、桌子等作为间隔的工具;各区域间要留出供儿童走动的通道。区角之间要做到动静互不干扰,如积木游戏区要设置在远离图书区角的地方,以免儿童拼搭积木发出的声响影响图书区的儿童,同时,可在地面垫上毯子或发泡积木,减少积木摩擦发出的声响。角色表演区可以和建构区相邻,幼儿可以随时运用建构区的材料作为表演活动的道具使用。

3)创造性地布置游戏区角

可利用天花板、墙面、走廊甚至地面作为游戏的展示空间。可以在墙面上张贴区域标识,或是让儿童在墙面上张贴自己的作品。室内活动面积不足的班级可以利用走廊,扩展为表演区、探索区等,摆上玩具或植物、动物等。儿童很喜欢坐着或者跪着在地上玩耍,教师不必强行规定儿童的游戏地点和姿势,这样能够最大限度地保证游戏的顺利进行。

二、游戏材料的投放

游戏材料多种多样,按照不同的游戏种类可以为不同的游戏服务,如角色游戏材料、结构游戏材料、体育游戏材料,等等;按照游戏材料的外形特征又可以投放在不同的活动区域中,如大型活动器械可以投放在室外游戏中,小型游戏材料可供室内游戏使用。游戏的开展离不开游戏材料的投放,游戏材料的投放可能对游戏的顺利开展起到推动或抑制作用。因此,教师在为儿童提供游戏材料时一般要考虑以下几个因素。

1. 游戏材料投放具有目的性

游戏材料的投放要同游戏的具体内容相一致,根据不同的游戏内容考虑相应的投放材料的种类、性质和数量。每种游戏活动的基本游戏材料是必需的,如表演游戏和角色游戏应配备一些人物、动物的头饰、服装等,建构游戏应配备各种材质的操作材料,如积木、积塑等。除此之外,还应适时地增加一些半成品和废旧材料供儿童自主创作游戏材料。

2. 游戏材料投放具有灵活性

灵活性体现在游戏材料投放的时间及投放的方式上。游戏材料可以在游戏前、游戏中投放,也可以视儿童的游戏过程,增加或减少相应的游戏材料。教师还可以根据情况,减少一部分旧有玩具,增加新的玩具,以此促进儿童新的游戏思考和游戏行为。至于游戏材料的陈设,教师也要经常变换,对游戏材料进行不同的组合搭配,往往能够吸引儿童引发新的游戏思考。最后,教师要引导儿童自由使用游戏材料,允许儿童跨区域使用游戏材料,这样也能够激发儿童的游戏兴趣,保证游戏有创造性地开展下去。

3. 游戏材料投放具有适宜性

适宜性体现在游戏材料的投放要符合儿童的年龄特征和身心发展水平。一般而言,小班多使用成品材料,中到大班可以逐渐增加半成品的游戏材料,可以提供一部分废旧材料,供儿童自行设计所需的游戏材料。

链接案例:

孩子们在开展理发店游戏的过程中遇到了一个难题,他们迫切地需要一些美发材料,可现有的游戏材料不能满足他们的需要。于是,在游戏活动结束后,我引导幼儿讨论哪些材料可以帮助美发?从哪里可以找到美发材料的问题。由于这个话题跟他们当前的游戏兴趣密切相关,所以引发了他们的热烈讨论。有的说用发卡,有的说用绳子,还有的说用花环、珠子、头巾等。接下来几天,我发动家长从家里收集了一些发卡、彩色牛皮筋、缠着布的发卡、头巾、理发玩具等,自己也准备了旧报纸、皱纹纸、各种发型图片、自制的理发工具等,理发店的游戏材料日益丰富起来,孩子们也越来越喜欢在理发店玩,并用这些材料制作出各种发型。

【资料来源】:浙江省幼儿园课程指导编写委员会.幼儿园课程指导教师资料手册:游戏【M】.北京:新时代出版社,2007。

三、游戏时间的保障

游戏时间同样影响和制约着游戏的顺利进行,具体来说,教师在为儿童安排游戏时间时应考虑以下两点。

1. 不同种类游戏的时间安排

室内游戏与户外游戏对儿童的发展有不同的促进作用。户外游戏活动量大,对儿童的身体动作发展有帮助,室内游戏则更多地提高儿童在认知能力方面的发展。室内游戏和户外游戏不能顾此失彼,要共同兼顾,一般而言,儿童一天要保证两个小时的户外活动时间。

儿童游戏有多个种类,表演游戏、角色游戏、建构游戏、规则游戏、智力游戏等,根据儿童年龄和身心发展水平的不同,安排上要有所不同。例如:小班以角色游戏及表演游戏为主,搭配一些简单的,如开发视力、听力的游戏;中班开始可开展建构游戏及智力游戏;大班孩子则更加偏好规则游戏及智力游戏。

2. 一日生活中游戏时间的安排

一日生活中的游戏时间要灵活安排。既要有专门的游戏时间,又要有闲散的游戏时间;既要有用于教育教学活动的游戏时间,又要有儿童自由的游戏时间。

游戏时间首先要保证"专项专用",即保证儿童专门的游戏时间,不能被其他活动所占用;其次游戏时间可以从一日生活的闲散时间中"挤"出来,如每餐过后的时间,可以让儿童拼拼图、折纸、玩各种乐器等;最后,教师要利用作息制度的灵活性为儿童巧妙地安排游戏时间。如果一次游戏时间到了,儿童仍然有高涨的游戏热情,则可适度延长游戏时间;反之,若游戏时间还没到,但儿童已经对游戏产生厌烦情绪,则可以提前结束游戏活动,或安排其他的游戏活动。

第三节 幼儿园游戏环境创设的指导范例

一、游戏环境创设的要求

1. 具有适宜性

适宜性是指从儿童的需要出发创设游戏环境。游戏的环境应满足儿童的需要,而不是成人的需要。环境可以是没有事先安排的、真实的,而并非出于美观的考虑而创设的不真实的环境。因此,好的游戏环境,教师应该更多地从儿童的视角和经验出发进行创设,想儿童所想,满足儿童的需要。

2. 具有安全性

儿童由于自我保护能力及意识均低于成人,因此,教师在准备游戏环境时应更多地考虑安全因素。如活动材料和器械的材质、高矮、大小是否儿童能够承受的,材料是否定期消毒、种植的植物是否无毒、无刺,等等。

此外,心理的安全也应考虑。这是指教师是否用儿童喜爱的、能够接受的态度与儿童进行游戏中的交流,是否为儿童营造了一个安全的、激发起自由活动的心理氛围。

3. 具有可参与性

游戏的材料和场地布置不宜追求高档、精致,要让儿童敢于动手去碰、去摸、去操作。同时,可准备一些废旧材料或半成品,让儿童自己动手操作,针对户外大型器械,可以是一些可以自由组合的材料,让儿童按照自己的意愿摆放,拼搭出不同的玩法。

4. 具有整体性

教师应综合考虑游戏环境的各个要素,善于开发和利用空间为儿童游戏创造条件。如幼儿园的地面、墙面、走廊、公共区域等都可以作为游戏场地,有的幼儿园户外场地面积小,可以带着儿童到幼儿园外,到社区去做游戏活动,下雪天可以带着孩子打雪仗,等等,游戏的活动区域并不局限于一处。充分运用环境的整体性促进儿童各种游戏活动的发展。

5. 重视良好心理环境的创设

在重视游戏的物质环境创设的同时,也不能够忽略游戏的心理环境的建设。心理环境的建设更多地要求教师要将儿童视作一个具有独立人格、独立思维能力的个体对待,游戏中平等的对待儿童,尊重儿童的游戏意愿及游戏想法,不将个人的喜好及想法强加给儿童,当儿童在游戏中遇到困难时,更多的是使用启发引导的方法进行指导,而不是直接将正确的做法告知儿童,或是直接否定儿童的想法。

除此之外,良好的同伴关系也制约和影响着良好的游戏心理环境的营造。要鼓励和帮助儿童建立互助、友爱的伙伴关系。教育儿童在游戏中相互谦让、互相帮助,多换位思考,遇到矛盾用协商、表决等民主方式解决;鼓励儿童开展团体协作,以小组或集体的方式讨论游戏的主题及方案的设计,共同进行游戏。友爱和谐的同伴关系,能够使儿童在轻松、愉快的环境中顺利地开展游戏,集体的共同智慧还能够极大地促进儿童的智力发展,让儿童在有限的时间内获得更多的收获。

二、学前儿童游戏环境创设指导范例

学前儿童游戏环境创设指导范例如图 2-1 所示。

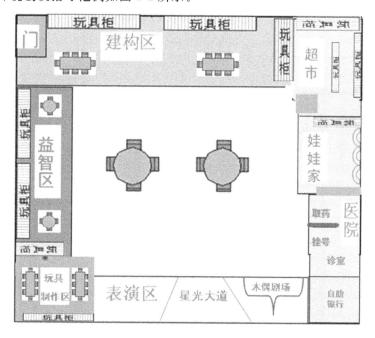

图 2-1 室内游戏环境布置

玩具制作区主要提供剪刀、纸、纸盒、颜料、笔、笔刷等材料供儿童制作幼儿园玩教具使用,以提高儿童自制玩具能力,以及教师指导幼儿自制玩具能力。

益智区主要提供各种益智玩具,包括拼图、棋类、纸牌、科学类、数学类玩具,儿童在此主要是熟悉不同功能及不同年龄段幼儿玩具,掌握各种益智玩具的玩法,为儿童自制玩具奠定基础。

角色游戏区的内容可不定期地更换,主要包括自制银行、医院、超市、娃娃家。材料主要提供相关的商品模型和布娃娃等玩具,以提高儿童组织、指导幼儿角色游戏的能力。另外,在兴趣小组活动时可结合一定主题如特色小吃一条街、小商品城等进行创设,教师观察记录幼儿角色游戏的特点,掌握不同年龄段幼儿角色游戏的行为表现。

表演区提供的材料主要有小戏台、地垫、窗纱布、屏风、服装、皮影、木偶等主要供儿童进行故事表演、皮影表演、木偶表演使用,以提高儿童的表演技能及教师组织、指导幼儿表演游戏的能力。

建构区是开展结构游戏的场所,主要提供各种积木、积塑等建构材料。儿童主要练习结构游戏的基本技能,比如,接插、排列、堆积,教师观察幼儿结构游戏情况,同时,围绕幼儿结构游戏方案的设计、幼儿结构游戏材料的开发、幼儿结构游戏的指导策略等进行研究,提高教师设计和指导幼儿结构游戏活动的能力。

思考与练习:

1. 幼儿园良性环境的特征是什么?
2. 户外游戏场地创设的要求有哪些?
3. 室内游戏场地创设的要求有哪些?
4. 教师在为儿童提供游戏材料时一般要考虑哪些因素?
5. 游戏环境创设的基本要求是什么?

第四章

角色游戏

学习目标

知识目标：
- 了解角色游戏的特征及构成要素；
- 理解角色游戏对学前儿童发展的促进作用；
- 了解并掌握角色游戏组织指导工作的主要内容；
- 了解并掌握各年龄班角色游戏的特点及指导要点。

能力目标：
- 能够对学前儿童的角色游戏进行观察与记录；
- 能够根据观察分析与评价学前儿童的角色游戏水平；
- 能够按照规范编写各年龄班角色游戏指导计划。

情境导入：

中班刚开学，我们在区角设置了一个"银行"，在观察中发现，孩子们只知道简单地将卡递给银行的操作员，操作员便快速地将钱递出去。双方都不问取多少钱，且没有更多的游戏情节。随着时间的推移，这个简单的游戏情节也吸引不了孩子了。教师反复提醒几次后，孩子们都无法生成新的游戏情节。我想，这应该是孩子缺乏经验的缘故。于是，我自编了一个乐乐取钱的故事，讲述了乐乐如何在柜台和取款机上取钱的情形，并详细说明了两种不同取款方式的程序。之后，我在银行角中投放了许多白纸和水彩笔，还设置了一个柜台。孩子们看到有这么多新的道具都高兴坏了，"银行"的游戏又重新充满了生机。

角色游戏是儿童通过角色扮演，运用想象，创造性地反映个人生活印象的一种游戏。

角色游戏通常在儿童两三岁时出现，学前晚期达到最高峰，是儿童期特有的一种游戏类型。角色游戏反映了儿童游戏的特点，心理学家们在研究儿童心理时，常常以角色游戏为主要标本。

第一节 角色游戏的特点

一、角色游戏的特点

1. 象征性

角色游戏是幼儿在对角色、动作、情境等方面进行想象并表征出来的活动。表征是信息在头脑中的呈现方式，是对客观事物的反映。在角色游戏中，儿童不断运用表征的方式来完成游戏过程，因此，角色游戏带有浓厚的象征性的特点。其象征性是通过以物代物、以人代物、以人代人、情境转换等方式实现的。通俗地讲，儿童在角色游戏中常常通过"假装"某个人物或事物，通过想象游戏情节和人物活动来完成游戏过程。

链接案例：

三个小女孩，丽丽、雯雯、琪琪正在娃娃家里"做饭"。只见琪琪拿起一个仿真白菜，放在塑料小锅里来回翻腾了几下，将仿真白菜倒在一个塑料小盘子里，递给雯雯，嘴里念念有词："宝宝快来吃，好喝的白菜汤好了！小心烫！"雯雯高兴地接过盘子，将白菜拿在手里，将盘子放在嘴边，假装仰头一饮而尽，一边咂嘴一边说："真好喝，真好喝！"

2. 社会性

角色游戏以儿童扮演、模仿日常生活中的人、事、物为主要的游戏内容。游戏的角色来自日常真实生活，常常包含了儿童对成人世界的认知及期待。儿童进行角色游戏的水平往往与他们的社会化水平相一致。儿童的社会化程度越高，其角色游戏的发展水平也就越高；同时，儿童通过扮演社会角色，加深对社会角色和社会生活的理解，也促进了儿童社会化程度的提高。

需要指出的是，角色游戏的社会性还体现在儿童对角色的选择及扮演上。模仿受到社会发展水平的制约。也就是说，不同的历史时期，人类社会文明的进步程度不同，社会发展水平的不同会制约和影响儿童角色游戏的内容。

链接案例：

今天我们班有个小朋友过生日，家长送了一个很漂亮的生日蛋糕到幼儿园。小朋友们用午饭的时间到了，我请小寿星将蛋糕分给全体小朋友吃。天天说："老师，这个蛋糕真漂亮。"乐乐说："蛋糕是怎么做出来的啊？"笑笑说："我们开个蛋糕店怎么样？"笑笑的提议得到了全体幼儿的认可，于是，"蛋糕店"的游戏应运而生。

3. 自主性

角色游戏的开展是建立在儿童自主选择角色、游戏材料及游戏内容的基础上的。在角色游戏中，游戏的主题、角色的选择，材料的使用，以及情节的设定都随儿童的意愿而产生与发展。儿童可以随心所欲地通过扮演角色的语言及行为表达他们对生活的认识和理解。因此，儿童是角色游戏的创造者和支配者，对游戏拥有绝对的自主权。

链接案例：

我班的"娃娃家"是创设的第一个活动区。孩子们发现"娃娃家"里缺少很多东西，如宝宝吃的奶粉和家里要用的日用品都没有。于是在老师的启发引导下，我们又增加游戏。孩子们还是觉得不满足，他们觉得买东西的时候需要用钱，于是在孩子们的提议下又开设了小银行，在游戏情节的不断发展下，我们又开设了理发店、麦当劳等。孩子们在这些角色游戏区里玩得十分投入。

二、角色游戏的构成要素

角色游戏主要由以下三个要素构成。

1. 角色扮演

角色游戏得以产生和进行下去的首要条件，即儿童在游戏中扮演一个或多个假想的角色。角色是角色游戏的中心，如果没有角色扮演就不是角色游戏。

角色游戏可以促进儿童的想象力、创造力及自我意识的发展。通过扮演生活中熟悉或希望成为的角色,儿童将头脑中已有的人物表象重新组合,概括性地表现出来。

一般来说,儿童扮演的角色可以分为三类:机能性角色、互补性角色和想象性角色。机能性角色是指儿童通过模仿对象的典型动作来进行角色扮演,比如,儿童模仿交通警察指挥交通;互补性角色是指儿童所扮演的角色是依角色关系中另一方的存在为条件,比如,儿童扮演警察抓捕小偷;想象性角色是指儿童所扮演的角色来源于儿童的想象,而不是现实中真实存在的人物,比如,儿童扮演的孙悟空、奥特曼等角色。

相比较而言,儿童较常扮演三种角色人物:一是儿童比较崇拜和尊敬的人物,如父母、老师等;二是让儿童感到害怕的人或动物,如警察、狮子等;三是能够激起儿童怜悯之心的人或动物,如小白兔、比自己小的孩子等。

2. 对材料的假想

角色游戏通常需要儿童借助对操作材料的假想完成。游戏中不可避免地需要使用游戏道具,而这些道具的使用常常是通过非实物的表征来完成的。也就是说,儿童通过将手中的物体想象成游戏角色手中的某种物体,通过假想和表征活动来开展游戏。例如,医生给病人看病的游戏中,儿童将手中的自动铅笔想象成注射器为"病人"打针。这时,真实存在的"自动铅笔"是替代物,不存在的"注射器"是被替代物。替代物要想成功表征被替代物,首先要求替代物与被替代物之间有一定的相似性,同时,也要求儿童的想象力达到一定的水平,能够将物体的形象符号化。

需要指出的是,替代物与被替代物在儿童思维中有两种出现顺序。一种顺序是儿童看到替代物,将其联想为某种被替代物。如看到了圆盘,将其想象成汽车的方向盘。另一种顺序则刚好相反,儿童看到被替代物,开展联想,找到合适的替代物来代替它。如玩警察抓小偷游戏中,儿童将木棍作为警棍或手枪使用。以上两种替代物与被替代物出现的顺序,有利于儿童正向思维水平和逆向思维水平的进一步提高。

3. 对游戏动作和情境的假想

游戏的情节是角色游戏能够不断推进的必要条件。对游戏动作和情境的假想有利于儿童创造力与想象力的发展。儿童一般通过对操作材料的操作来实现对游戏情节的假想,同时,假想各种游戏情节可以帮助儿童表达其思想和情感体验。例如,在妈妈照顾孩子的游戏中,儿童一边用小勺给娃娃喂饭,一边对娃娃轻声细语地说:"乖乖,吃饭了,妈妈喂你。"将日常生活中母亲照顾自己的情境通过游戏再现出来,再现母子之间的天然亲情。

儿童对游戏动作和情境的假想具有一定的概括性,它不是具体生活中某人的某一个动作的模仿,而是同一类社会角色的社会行为的概括化表现。例如,司机开车的动作、医生看病的动作、妈妈哄孩子睡觉的动作等。概括性行为使儿童的角色游戏行为能够在不同的条件下进行,还可以使拥有不同游戏经验的儿童参与同一个角色游戏,进行集体游戏,从而推动游戏水平的不断提高。

第二节 角色游戏的教育作用

一、角色游戏利于促进儿童身体及动作能力的发展

在角色游戏中,儿童不停地搬弄操作材料进行活动,这在一定程度上促进了儿童身体协调能力及动作能力的发展。儿童在游戏时总是最大限度地发挥操作材料的功用,想出各种操作方法和动作,力图获

得最大限度的游戏乐趣。在这一过程中,儿童的手眼协调能力及肌肉活动水平都能够得到一定程度的提高,随着儿童年龄的增长及游戏难度的提高,儿童操作材料的能力也随之提高,从而身体及动作能力也随之提高。

二、角色游戏利于促进儿童智力和语言的发展

角色游戏是2~5岁儿童最喜欢的游戏形式,也是最适合这一阶段儿童身心发展需要的游戏之一,它对开发儿童智力,培养儿童想象力、创造力具有重要的价值。

1. 角色游戏有利于锻炼儿童的各种思维能力

角色游戏需要儿童充分调动已有的生活经验,充分理解和再现角色人物的社会性行为,对于促进儿童记忆力及注意力的发展有十分明显的作用。此外,在游戏进行中,不可避免地需要操作材料的介入。儿童需要通过自己的努力,积极开动脑筋寻找合适的操作材料充当替代物来代替游戏所需的被替代物。同时,游戏需要一定的情节支撑,随着情节的发展,儿童可能会面临多种问题,如何解决诸如角色关系、游戏规则等多种矛盾,需要儿童分析具体情境、选择合适的方法来解决矛盾,这对培养儿童分析与解决问题的能力十分有帮助。

链接案例:

自由游戏的时间到了,孩子们开始自由选择自己喜欢的区域开始游戏。这时,几个孩子凑在了一起。红红说:"我们来玩上课的游戏吧,我当老师,你们当学生。"其他几个孩子也想当老师,于是抗议道:"不行!"红红绷着脸说:"我就要当老师!"鹏鹏想了想说:"你当老师也可以,但不能老是当。"佩佩说:"对,我们轮流来当吧!"这个提议得到了大家的一致赞同。于是,几个孩子互相商量了一下,排好顺序,大家轮流当起了老师玩上课的游戏。

【案例来源】:姜晓燕.学前儿童游戏教程【M】.教育科学出版社,2013。

2. 角色游戏有利于培养儿童的主动性和创造性

角色游戏一般由儿童自行确定主题,自主选择角色,自行设计游戏的情节,充分表达幼儿自己的游戏意愿,在游戏中,儿童可以尽情表达个人情感及对角色的理解,参与他们平时无法参与的社会生活,满足儿童的心理愿望,这体现出儿童极大的主动性。同时,游戏从主题到语言、行为、情节的设定都由儿童自己积极、独立地完成,儿童有机会充分发挥想象力和创造力。由儿童自主开展的角色游戏在极大程度上,有利于培养儿童的主动性、想象力及创造性。

链接案例:

在"着火了"的角色游戏中,几个幼儿开着消防车忙着救火。这时,天天跑来说:"救火要用水龙头管子,老师,我们找不到管子。"我说:"我们一起想办法吧。"于是我们到"百宝箱"中找。这时,泽泽说:"有了!"只见他用一张旧报纸卷起来塞进了保鲜膜的圆筒里,其他的孩子照着他的样子做管子向厨房喷水,不一会儿,只听他们在喊:"火没了,火没了!"

3. 角色游戏有利于促进儿童语言的发展

角色游戏在促进儿童智力发展的同时,还能够极大地丰富儿童口头语言的表达。儿童需要模仿角色人物的语言习惯及说话方式进行游戏,在这一过程中,儿童可以掌握不同的语言习惯,极大地丰富儿童的口语词汇量,同时,儿童除了一味地模仿角色人物的语言之外,还不可避免地自行创造许多语言用于角色间的沟通交流,这对儿童语言的发展有着很大的促进作用。

学前儿童在不同条件下识记的词汇量对比见表4-1。

表4-1 学前儿童在不同条件下识记的词汇量对比表

幼儿的年龄	在实验条件下	在商店游戏条件下
3～4岁	0.6	1.0
4～5岁	1.5	3.0
5～6岁	2.0	3.3
6～7岁	2.3	3.8

三、角色游戏利于促进儿童情感和社会性的发展

1. 角色游戏为儿童抒发各种情感提供机会

角色游戏是儿童建立积极情感的有效途径，也是儿童宣泄消极情感的重要渠道。在游戏中，儿童通过扮演各种角色，体会角色的喜怒哀乐，通过游戏情节的设定，体会游戏带来的愉悦，儿童感受到的是脱离世俗的、毫无拘束的限制和约束，儿童自身的喜怒哀乐都可以通过游戏进行表达。儿童获得愉悦的积极情感，宣泄愤怒、恐惧等负面情感，有利于儿童建立积极稳定的情绪状态。

2. 角色游戏对培养儿童性格有重要的作用

角色游戏同时还有利于儿童积极人格和良好性格的形成。在游戏中，儿童通过执行各种不同角色的社会性行为，获得形成亲社会行为的机会，亲社会行为的习得，有利于幼儿摒弃不良的行为习惯，形成良好的行为习惯，从而促进良好性格的形成和稳定。同时，儿童通过游戏，获得很多照顾他人的机会，体会到怜悯、同情、关爱等诸多亲社会性情感，这对培养幼儿爱心和良好性格也有十分重要的作用。

链接案例：

琪琪和萌萌正在玩"过家家"的游戏，琪琪是妈妈，萌萌是宝宝。琪琪在"厨房"里忙活了半天，端了一碗橡皮泥做的饺子出来，招呼萌萌："宝宝快来吃饺子啊，三鲜馅儿的，可香了。"萌萌听见了，扭过身子来接饺子，没想到意外发生了，由于"家"里地方太小，萌萌的手臂将"饺子"撞到了地上。琪琪难过极了，撅着小嘴，皱着眉头。萌萌连忙说："对不起，我不是故意的！"琪琪随即笑着对萌萌说："没关系，我是妈妈，妈妈要原谅宝宝，妈妈再去给你下饺子。"

3. 角色游戏帮助儿童摆脱自我中心

2～7岁的儿童正处于"自我中心化"阶段。"自我中心化"是婴幼儿阶段一个典型的心理特征。这一阶段的儿童由于思维非常具体，只能理解事物的直接关系。因为带有极大的片面性，他们以自我的感受为行为处事的依据，认为他人同自己有着相同的感受，不能够站在他人的立场体会他人的感受。在角色游戏中，儿童需要扮演不同的角色来完成游戏过程，这就为儿童理解他人的情感和诉求提供了一个难能可贵的机会。迫使儿童能够站在角色的角度去看待问题，从而在游戏中用一种自然的方式改变自己看问题的角度，逐渐克服"自我中心"的观点，促进儿童自我意识的发展与完善。

4. 角色游戏促进儿童的社会性交往

角色游戏能够促进儿童与同伴的交往。为了游戏的顺利开展，儿童事先就游戏的主题、内容、情节，以及角色分配等事宜进行沟通与协商，这一过程实际上就是儿童同伴关系产生与发展的过程。在游戏进行中，儿童随时都有可能就游戏情节的变化、规则的改变及角色间相互关系的需要进行实时沟通与交流，儿童从最初的争吵、打斗、哭泣、抱怨等低水平的交往技巧，逐渐过渡到通过协商、轮流、推选、交换等更高水平的交往技巧，这不仅丰富了儿童同伴交往的经验，也锻炼了儿童实际解决人际交往困难的能力。同

时,随着游戏水平的提高,儿童扮演的角色间的交往势必更加深入,儿童的同伴交往势必更加频繁与密切,交往的水平将不断提高,儿童逐渐能够像成人那样理性地解决人际问题。

链接案例:

"娃娃家"的活动场地从室内搬到了室外,吸引了大量的幼儿,奇奇爱动脑筋但年龄偏小,他非常想加入"娃娃家"的游戏,我对他进行了观察。第一天,奇奇哭着对我说:"他们不让我玩,我好好地对他们说,他们还是不让我玩。"我问:"你能不能想想办法?"过了一会儿,我看见奇奇高兴地在"娃娃家"玩着,他一看到我就得意地告诉我:"我送了他们家一个水池(用纸盒做的),他们就让我玩了。"第二天,奇奇和"娃娃家"中的同伴吵了起来,原来奇奇送的水池太破,奇奇再次被拒绝和他们一起玩。我说:"那你再想个好办法。"第三天,游戏刚开始,奇奇就对我说:"我有好办法了,我送他们一部电话机。"过了一会儿,我看见奇奇在"娃娃家"里高兴地开始了游戏。

5. 角色游戏帮助儿童学习社会生活

由于在角色游戏时,儿童往往会扮演许多的社会角色,体会更多的社会生活实际,这相当于是儿童对未来社会生活的预演。儿童要想尽快融入成人社会,就必须掌握成人社会的交往技巧、社会规则和行为处事的合理方式。通过角色扮演,儿童可以更多地接触不同的社会角色,这些社会角色身上所赋予的社会责任与义务,反应在社会行为和言语习惯,以及道德要求上都有一定的规范性及各自的特色,儿童在正式扮演角色开展游戏的过程中,将这些社会规则和行为习惯不断内化,从而有效掌握社会行为方式及思维方式,适应社会生活。

四、角色游戏利于锻炼儿童的意志

儿童的控制力、意志力、坚持性并非天生而来,而是在后天的磨炼中不断形成并稳定下来的。角色游戏同时也是一种培养儿童意志品质的有效途径。

在游戏中,儿童模仿和再现榜样角色的言行举止及思维习惯,每个角色都有其各自的规定性行为及活动方式,一旦儿童随心所欲,不按照角色的行为方式进行游戏,将扰乱整个游戏的正常进行,从而受到同伴的排斥。因此,为了游戏能够顺利进行,并融入同伴群体,儿童很多时候必须收起性子,忍耐不满,学会在集体中妥协,遵守游戏的规则。同时,由于游戏的情节是会随时变化的,游戏的场景也会发生变化,许多非预期的困难会出现,这就要求儿童必须学会克服各种困难。因此,游戏的过程就是儿童自身克制欲望,提高自我控制力,磨炼意志品质的过程。

链接案例:

苏联教育家马卡连柯曾做过一个"哨兵站岗"的实验,以3～7岁的学前儿童为被试,要求他们在空手的情况下保持哨兵站岗的姿势。实验设置了两种情境:游戏情境和非游戏情境。游戏情境中要求实验者以游戏的方式向被试提出要求:"工人"在"工厂"包装糖果,你来当哨兵,站在旁边为工人站岗。非游戏情境是其他小朋友在旁边玩,只让被试保持站岗的姿势。结果表明,在游戏情境中,学前儿童坚持站立不动的时间远远超过非游戏情境下学前儿童站立的时间,见表4-2。

表4-2 学前儿童在不同条件下保持站立姿势的时间统计

幼儿的年龄	在实验条件下	在游戏条件下
4～5岁	41秒	4分17秒
5～6岁	2分55秒	9分15秒
6～7岁	11分	12分

第三节 角色游戏的指导

一、角色游戏指导的主要内容

角色游戏是儿童非常喜爱，普遍开展的一种游戏形式，但是儿童自发开展的角色游戏如果没有教师的指导，往往容易流于表面，无法使儿童获得系统、深入的发展。作为在幼儿园中常常开展的一种游戏形式，如何有效地指导幼儿开展角色游戏，从而促进其身心发展，是摆在幼儿教师面前的一项必须掌握的任务。具体来说，儿童角色游戏的指导可以从游戏前的准备、游戏过程中的指导和游戏结束后的指导三个方面进行。

1. 游戏前的准备

游戏前的准备工作主要有以下三个方面。

1）丰富儿童的生活经验，拓宽儿童角色游戏的内容来源

儿童角色游戏的内容及主题多数来源于儿童的现实生活，儿童所扮演的角色，其言行举止都是对现实生活的真实写照，儿童的生活经验越丰富，其游戏的内容和对角色的选择空间就越广泛。丰富儿童生活经验的途径有多种，教师可利用教学活动、娱乐活动、生活活动，向儿童提供图书、观看影片或利用外出活动，带儿童去户外、社区等多个地方，走走看看，以此来丰富儿童的生活经验。如利用户外活动的机会，带孩子们去参观博物馆或电视台，加深孩子们的相关感性认识。此外，教师还可通过与家长的沟通，鼓励家长多带孩子通过旅游、外出等途径，丰富儿童的家庭生活，以此来增长见闻，开阔视野和想象力。如父母可带孩子去银行、菜场，让孩子们了解如何存钱、取钱，如何买菜、卖菜等。

链接案例：

在一次日常参观活动中，我发现幼儿对家乡的小吃有浓厚的兴趣，一路上总在津津有味地谈论着。我于是请家长星期天带幼儿去各种小吃店进行实地观察并品尝，从中幼儿不仅知道了许多小吃的名称，还了解到这些小吃是由哪些材料做的，怎么做的，并学习了与服务员的交往。星期一，孩子们个个嚷嚷着要做各式各样的点心：馒头、馄饨、饺子、黄金饼、南瓜饼和鸭血糯等。孩子们越做越起劲，还说天热了，需要点饮料解解渴，于是又忙着收集废旧的饮料罐，自制果茶、冷饮，大大丰富了小吃的内容。从此，一个有着"常熟小吃""阿庆嫂茶馆""娃娃冰屋"和"喷喷香蛋糕房"的"好吃来美食街"就在我们班的活动区开张了。

2）准备游戏场地、玩具及操作材料

由于角色游戏常常是通过搬弄操作材料来辅助游戏顺利进行的，因此，游戏场地的布置、丰富而合适的玩具及操作材料的提供能够极大地帮助儿童角色游戏的开展。具体而言，教师在给儿童提供游戏场地及操作材料时需要注意以下几点。

（1）为儿童设置固定的游戏场所。固定的游戏场所能够快速将儿童带入游戏情境，激发幼儿游戏的兴趣。角色游戏场所有室内游戏场所和室外游戏场所，如在教室的一角设置"娃娃家"，布置有婴儿床、小碗、小勺、小锅等。

（2）为儿童提供丰富的玩具及操作材料。玩具和操作材料是游戏中必不可少的道具，逼真的操作材料能够最大限度地激发儿童游戏的兴趣，同时，激发儿童的想象力及创造力。玩具和操作材料的提供可根据角色游戏的主题和内容的需要，提供一部分逼真的玩具，还可提供一些半成品和废旧材料，鼓励儿童自己发挥想象力和创造力，替代游戏中所需物品。如可提供一些成品的打击乐器，也可提供羽毛、易拉

罐、废旧纸盒等材料,让儿童动手制作游戏中的所需物品。

值得一提的是,游戏中使用的玩具及游戏材料,有些是常设的,不需要经常更换,有些则为了使儿童感到新鲜,激发儿童更好游戏的兴趣,需要根据游戏的内容适当地进行增减。

图 4-1 为理发游戏。图 4-2 为医疗游戏。

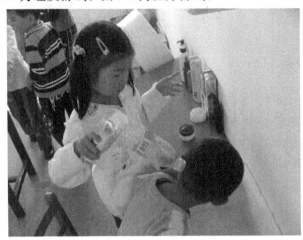
图 4-1 理发游戏

图 4-2 医疗游戏

3)提供充足的游戏时间,促进儿童更加深入地开展游戏

除了物质的保障之外,角色游戏还需要充分保证儿童的游戏时间。游戏时间过短,往往是儿童刚刚选择好主题,设置了情境,进行了角色分配,还没来得及深入游戏环节,游戏便匆匆结束,这不利于儿童深入开展游戏。游戏时间过长,往往是儿童玩得已经尽兴,针对游戏主题开展的活动已经十分充分,但游戏仍不结束,反而让儿童觉得索然无味,不仅影响游戏的秩序,还会影响儿童下次游戏的兴趣。因此,充足而合适的游戏时间对儿童积极开展角色游戏至关重要。一般来说,不同于教学活动,一次角色游戏的时间应在 1 个小时之内,不少于 30 分钟。

链接案例:

带你走进日本的幼儿园

在日本,幼儿在幼儿园的生活是从自由游戏开始的。幼儿入园时间为上午 8:00—8:30(或 9:00),幼儿自入园至 10:00 或 10:30 均为自由活动和游戏时间,幼儿可以在室内或室外玩(天气好时,幼儿一般都选择户外游戏)。通常午饭后,12:00—13:00 也是自由活动时间。

日本幼儿园教育活动有两种组织形式——自由活动与集体活动。幼儿自由活动与集体活动的时间比一般为 3:1,幼儿每天在园大约有 3 小时可以在户外进行自发自主的游戏。集体活动也以游戏为主。集体活动的一种重要形式是"行事"活动,如"七夕""风筝"等,这种取材于社会或幼儿园生活中重要事件的综合主题活动,通常也密切结合儿童的生活经验,运用游戏的形式,使幼儿得到充分的情感体验。

2. 游戏过程中的指导

在游戏过程中,教师敏锐观察,细心指导,对于提高儿童的游戏水平,促进儿童身心进一步发展十分重要。一般而言,游戏过程中的指导主要包括游戏主题的选择与确定、角色的分配、游戏情节的深入与展开、游戏规则的建立和执行,以及游戏的合作等几个方面。

1)鼓励儿童根据兴趣大胆地提出游戏的主题

游戏的主题来源于儿童对日常生活世界的了解和认识,主题应反映儿童趣味,由儿童自行确定,而不是由教师代为规定。受儿童身心发展水平的限制,不同年龄段的儿童对于角色游戏主题的选择能力各不相同。小班儿童还不具备提出游戏主题的能力,一般只停留在对游戏动作的简单模仿上。因此,教师应利用玩具及操作材料,以及富有情感的语言,为儿童描绘游戏的情境,从而激发儿童游戏的兴趣,帮助他们梳理思路确立主题。中到大班的儿童逐渐具有了在反思生活经验的基础上,提出相关游戏主题的能力,但并非儿童提出的所有游戏主题都是有价值,或积极向上的,因此,教师在鼓励儿童主动提出游戏主题的同时,还要帮助儿童把握主题的可取性,对于其中不健康的内容,要通过讨论、建议等方法帮助儿童放弃或改变,切忌简单粗暴地直接予以否定,以免挫伤儿童的积极性。

链接案例:

来到"娃娃家",李老师"咚咚咚"敲门,非要幼儿发出"请进"的邀请才心满意足。走进"娃娃家",李老师不厌其烦地启发幼儿给自己让座并说"请坐",锲而不舍地引导幼儿招待自己,说"请喝茶""请吃饭"。当李老师要离开时,一定要听到幼儿说"再见,欢迎再来"……

到"医院"看病,李老师也始终记着要丰富幼儿的相关经验。第一天,李老师挂号去看感冒,脑子里想着要让幼儿了解"季节交替时要注意及时穿脱衣";第二天,李老师假装鼻子出血了,意在指导幼儿知道"危机时刻如何自救";第三天,李老师捂着吃坏了的肚子来到"医生"面前,想尽办法诱导幼儿总结出"吃饭前要洗手"的道理;第四天,李老师告诉幼儿自己近视了,以便让幼儿领悟到"爱护眼睛、保护视力"的重要性……如此日复一日,看似热闹的医院游戏却带给李老师深深的苦恼:能想到的疾病我都患过了,接下来还能做什么,发展幼儿哪些能力呢?

【资料来源】徐泽民.在游戏中走近孩子【J】.幼儿教育,2011(5)。

2)指导儿童进行游戏角色的分配

儿童在角色游戏中最关心的问题就是自己扮演什么样的角色。但由于对某些角色的偏好或对角色内涵的理解不够,往往会因为角色的选择而发生矛盾或分歧,这就需要教师耐心地指导。小班儿童在角色选择时往往执着于对角色动作的模仿,并不真正理解自己所担任的角色,教师需要耐心启发,运用语言引导儿童明确自己在游戏中的角色身份。如一个小班儿童在模仿医生给病人打针,教师可用亲切的语言询问儿童:"你在干什么呀?""你是不是在给病人看病啊""这个宝宝得了什么病啊""你要不要先给她量量体温啊?"通过问题,可以让儿童把对动作的单纯模仿转移至理解角色上来。

中到大班的儿童由于角色意识更为强烈,同时,对一些特定的角色有偏好,因此,在选择角色时往往不能够从集体游戏的角度,考虑他人的利益,而一味地坚持自己喜欢的角色,从而导致集体游戏在分配角色时产生矛盾。教师可引导儿童通过集体推选、自荐、轮流等方式,让儿童学会利用多种人际交往的手段通过和平的方式解决矛盾。同时,要向儿童传递一个信息,角色没有高低贵贱之分,不在于角色的重要程度,而在于各自扮演好各自的角色,共同实现游戏顺利开展。

此外,教师要鼓励儿童大胆尝试不同的角色,如让一些性格内向、平时不受关注的儿童尝试游戏中的主要角色,鼓励儿童大胆地表现,从而使其得到锻炼,并提升其自信心。对于一些性格暴躁的儿童,有意识地鼓励其尝试一些照顾他人或照顾弱小者的角色,如扮演母亲等,让这些儿童通过扮演角色,懂得体谅、包容他人。

链接案例:

习得解决自选游戏角色时产生矛盾的方法

我们班采用插牌的方式,让幼儿自选区域,同游戏区域的幼儿一起进行商讨、分配角色。而在游戏中,也往往会遇到因角色分配所引起的矛盾。这时候,教师不要过于心急而帮幼儿定好角色,应给孩子自主解决问题的空间和时间,采用适当的方法,引导幼儿解决。在实践活动中,我一方面鼓励幼儿大胆地表达自己的愿望,想出多种方法来解决分配角色的矛盾,同时又注意观察发现幼儿解决矛盾的有效方法,并有意识地请幼儿把自己的好办法介绍给同伴,这样,我班的幼儿创造并学会了用协商、猜拳、点兵点将、竞争以及增加新角色等方法来解决矛盾。例如:在一次游戏中"娃娃家"来了6个小朋友,他们为谁当妈妈、谁当娃娃争得不可开交,我没有马上去干涉他们,只是提醒他们想一个好办法,让大家都玩得高兴,最后,他们想出了当三胞胎娃娃,既解决了问题,又满足了自己参加"娃娃家"游戏,并在其中扮演某个角色的愿望。又如,一次在"幼儿园"的游戏中,两位小朋友为争小老师的角色而吵得不可开交,待我了解了情况后,一旁的一位小朋友则想出来一个办法,即跑步谁先到终点就可以当小老师。这个方法赢得了大家的一致认同,矛盾也随即解决了。

3)教师参与游戏,帮助儿童深入游戏主题

教师参与游戏,一方面可以提高儿童游戏的兴趣,激发儿童的主动性和创造性;一方面作为参与者,便于教师观察儿童游戏的过程,及时给予指导。但是,教师介入游戏要注意将游戏的主动权交给儿童,避免将指导变为指挥。

一般而言,教师介入儿童角色游戏的方式有三种。一是平行进入,即教师和儿童扮演同一类角色,彼此间没有角色间的交往,教师通过扮演自己的角色对儿童给予示范和影响。例如,在玩银行的游戏时,教师和儿童同时扮演去银行取钱的客人,教师通过示范让儿童明确取钱、存钱的步骤。二是合作介入,即教师主动或应邀参加游戏,通过担任某一角色和儿童进行角色间的交往,帮助儿童顺利完成游戏。如前面所说的在银行游戏中,教师扮演银行的工作人员,儿童扮演顾客。教师通过主动询问儿童所办理的业务,给予口头说明,帮助儿童完成角色任务。三是指导性介入,即教师通过扮演游戏中居支配地位的角色对儿童游戏给予重要、关键的影响。如"理发店"游戏中,教师扮演发型师,主动为儿童设计发型,指导儿童完成设计发型、洗发、理发等一系列活动。

链接案例:

在"娃娃家"游戏中,当"客人"去"主人"家做客时,"主人"坚持不让他进门,但"客人"非要挤进去,这样他们两个人争吵了起来。这时老师就以"奶奶"的身份加入了游戏,让"主人"说一说,为什么不让"客人"进来。原来"娃娃家"有许多"客人",家里比较拥挤,都坐不下了。"客人"听后说:"我等会儿再来"。就这样冲突平息了,游戏又顺利地开展下去了。

教师介入游戏的时机也有三种:一是当儿童游戏遇到困难时;二是当游戏内容需要得到进一步深入提高时;三是当教师的目的需要在游戏中完成时。

链接案例1:

"给我一张桌子吧!"

(言言4岁)

言言在"娃娃家"看电视,他用两把大椅子搭了一个大沙发,正准备坐下来看。突然间,他好像想起了什么,跑来问:"老师,给我一张桌子吧!我的沙发前面应该放一张桌子,我家里的沙发前面就有一张桌子。"

教师故意装糊涂,问:"什么桌子啊,派什么用啊?"

言言有点急了:"就是可以放很多吃的东西的,我爸爸有时候还拿来搁脚的。"

看着言言指手画脚却始终说不出正确的名称,教师连忙补充道:"哦,哦,你说的是茶几,对不对?"言言高兴地点点头。

"可是教室里的桌子都在使用中,我们一起想办法,看看能不能用什么代替一下?"言言四下找了一下,摇摇头没找到。

教师给了他一点提示:"你的沙发搭得真像,把小椅子变成了沙发。那还有什么东西可以变成小桌子呢?"教师的提示让言言的脑海里又有了"变"的概念,他想了一会儿,茅塞顿开,忙从角落里搬来了两张小方板凳,紧靠在一起放在沙发前。

言言拉着教师去看他搭的茶几,得到教师的肯定后,言言从小超市买回了一些吃的,一边看电视一边吃东西。

链接案例2：

"不能爬,太危险了！"

(鸣鸣 4岁)

鸣鸣今天是修理工。他接到娃娃家妈妈的"报修单"要去给娃娃家修水龙头。

鸣鸣带着工具箱到了娃娃家,他对着水龙头上下前后观察了一遍,非常自信地说:"这个容易,我会帮你们修好的！"说着,他举起锤子开始敲打龙头,还拿出扳手拧几下。一两分钟后,鸣鸣宣布:"修好了！"

"你们还有什么要修的吗？"鸣鸣主动询问。

"我也不知道！"娃娃家妈妈回答。

"那我来帮你找找吧！"热情的修理工鸣鸣在娃娃家里寻找着需要修理的物品。他的目光最终停留在娃娃家上方的日光灯上。

"你家的灯坏了,我来帮你修吧！"他的话引起了娃娃家妈妈的注意,她抬头看看那并没有打开的灯心领神会:"是的,我家的灯坏了好几天了！"

于是,修理工鸣鸣开始了他的工作。他搬来了许多大型积木,并把积木一块一块地垒高,当他把积木垒到超过他的身高时,他对娃娃家的妈妈说:"这是我的梯子,你帮我扶好,我爬上去修灯哦！"

此时的教师看出了他的意图,马上出来阻止:"不能爬,太危险了,这灯没打开,打开还是亮的。"听教师这样一说,鸣鸣停止了他的攀爬,自己解围道:"那我帮娃娃家修门吧！"

【案例来源】：上海学前教育网

4) 帮助儿童增强游戏的合作程度

儿童的角色游戏发展过程是由最初的儿童独自游戏发展为多个儿童的联合游戏,因此,游戏角色间的合作程度和联系程度越密切,游戏开展的水平就越高。需要注意的是,游戏角色间的联系是内在的、自然的联系,教师不可为了联系而联系,这样会影响儿童在游戏中的主动性、积极性和创造性。

5) 引导儿童执行并自觉遵守游戏的规则

游戏的规则有两种:一是内部规则,即由角色间相互关系自然产生的规则;二是外部规则,即为保证游戏顺利开展而制定的大家都必须遵守的规则。当游戏的外部规则遭到破坏时,教师可采用大家讨论、民主协商的办法解决,也可以将规则破坏者带出游戏几分钟,禁止其游戏,随后再参与游戏。当游戏的内在规则遇到破坏时,往往是由于儿童对角色本身或角色间的相互关系理解不够而导致的,教师可通过问题引导、说明等方式予以解决。

链接案例：

今天,娃娃家真热闹。游戏开始时,强强、娟娟和明明抢先来到娃娃家,分别当上了爸爸、妈妈和宝宝。一会儿,娃娃家来了客人,妈妈爸爸热情地招待客人,妈妈给客人倒水,拿水果,爸爸到厨房做饭。一会儿,饭做好了。爸爸邀请客人在家吃饭,大家一边吃,一边聊天。吃完饭,一家人又同客人一起听音乐。碗、盘子、剩菜在桌子上放着,地上还有垃圾。这时,我来到娃娃家,妈妈给我开了门。我说:"我是卫生监督员,是来检查卫生的。你看,你家吃完饭也不收拾,地上乱七八糟的,我看着真不舒服。你们快点收拾好,我过一会儿再来检查。"说完我就离开了。这时,妈妈让爸爸陪着客人聊天,她自己把碗、盘子收拾好,把地扫干净,屋里的东西都收拾好了。过了一会儿,我又来到娃娃家,看到家里很干净也很整齐,就表扬了他们,还给他们家发了一面卫生红旗,并告诉他们,以后要记住,用完的东西要放回原处,不要把屋子弄乱弄脏,要让家里干干净净。妈妈爸爸点点头,高兴地接过了卫生红旗。

3. 游戏结束后的指导

游戏结束后的指导有助于帮助儿童回顾游戏过程,体会收获。游戏后的指导主要有整理工作、评价总结游戏等内容。

1)让游戏在轻松愉快的状态下结束

游戏在轻松愉快的氛围下结束能够保持儿童下次继续游戏的积极性。教师要把握好结束游戏的时机和结束游戏的方法。游戏应在高潮未尽时结束,不仅可使儿童感觉愉快,同时,还会意犹未尽,希望下次再做这类游戏。

结束游戏的方法有多种,教师可视具体情况灵活处理,可以直接以教师的身份提醒儿童"时间到了,我们下次再玩。"也可以以角色的身份提醒幼儿"今天不营业了,明天再来吧。"

2)做好游戏后的整理工作

每次游戏后,要让儿童养成自觉整理场地、玩具及操作材料的习惯。针对不同年龄段的儿童的能力,教师的此项指导工作可有所区别。小班儿童重点在于培养他们的整理玩具的意识,因此,在游戏结束后,以教师整理玩具为主,儿童负责帮助老师传递游戏材料。中班和大班的儿童重点在培养其整理玩具的能力。鼓励中班儿童自己整理玩具,老师随后再检查进行二次归纳。大班儿童可独立完成整理玩具的工作,教师给予一定的督促即可。

3)评价、总结游戏

游戏后的评价工作也十分重要,评价以儿童为主体,充分调动儿童的积极性,可以就游戏的情节进行评价,此类评价不仅可以在结束时进行,在游戏过程中,也可就儿童随时迸发出来的灵感或精彩情节及时给予评价,对儿童在以后的游戏中继续努力提供有利的影响。

(1)可就游戏的材料进行评价。角色游戏中替代物的使用,以及儿童自己动手制作的操作材料都显示着儿童主动创造的能力。因此,教师可就儿童使用操作材料的情况进行评价,给儿童及时的正面的肯定。

(2)可就儿童的行为进行评价。游戏中儿童的行为有好有坏。例如:有些儿童主动呵护游戏现场,正确使用操作材料,礼貌对待游戏同伴;而有些儿童常常把活动场地搞得乱七八糟的,与同伴发生争抢等行为。教师要对好的行为及时肯定,对错误的行为及时制止,同时,在游戏结束后进行评价,再次巩固。

游戏评价的方式有许多种,主要目的是要让儿童成为评价的主体。常见的评价方式有讨论、现场评议、汇报等方式。

链接案例:

小餐馆游戏中,A占了很多碗,B走过去说:"给我!"A护着碗对B说:"都是我的!"B看到A拒绝了自己,就与A争抢了起来。B力气大,抢走了所有的碗,并把A推倒在地,A哭了。

游戏结束后教师(T)针对A和B的冲突行为组织幼儿讨论如下:

T:今天啊,有一件不开心的事,老师看到A哭了。来,A告诉大家你为什么哭啊?

A:B抢了我的碗,还把我推倒了。

T:B,是这样吗?

B:点了点头,不小心的。

T:B,那你可以告诉大家为什么抢东西吗?

B:他占了很多碗,不给我。

T:老师听明白了,A占了很多碗,不给B,B抢碗,结果不小心推倒了A。老师问一下大家,B这样做好不好啊?

C:不好……(大家一起喊)

T:怎么做才好呢?请小朋友们说说看。

(此时,教师一定要相信幼儿肯定会有很多方法,如果幼儿的方法不尽如人意,教师可以对幼儿进行提示)

C1:要说请。

C2：要说……好吗？

C3：声音清点，清楚点。

T：好，小朋友们想的主意都非常棒，还有谁有好点子？

C4：可以商量一下，一人玩一会儿。

C5：谦让。

C6：一起玩。

小朋友们各抒己见，随后，教师请A和B到前面来，让他们选择一种方式当场示范。

A：你给我几个碗，好吗？

B：好，给你！

T：非常好，小朋友们都鼓鼓掌……小朋友们最棒了，以后啊，这些方法都可以用来帮助你们处理问题，遇到问题的时候啊，大家要动脑子想办法，相信大家还能想出更多的办法。

【案例来源】：赵艳.角色游戏中幼儿冲突行为的研究【D】.南京师范大学，2012。

二、各年龄班角色游戏的指导

不同年龄阶段儿童开展角色游戏的水平各有不同，教师应在掌握一般指导方法的基础上，根据不同年龄段儿童的特点，了解和掌握一些更具针对性的指导方法。

1. 小班的角色游戏指导

1）小班儿童角色游戏的特点

小班儿童角色游戏具有以下特点。

(1)游戏主题及角色不确定、不稳定。常常模仿别人的游戏内容与动作。

(2)在游戏中单纯摆弄玩具，对角色理解不清晰，规则意识较差。

(3)根据玩具选择游戏主题及内容。

(4)以独自游戏为主，少见集体游戏。在游戏中经常发生冲突，缺乏解决冲突的策略。

2）小班角色游戏的指导要点

小班角色游戏的指导要点主要有以下几点。

(1)在班级中设置以日常生活为主题的"娃娃家"，提供成型的反映主题形象的玩具，如小叉子、小碗、洋娃娃、小床等。每一个主题玩具不宜过多，3～4种即可。

(2)教师参与游戏，在游戏中认真观察，及时指导，帮助儿童开展游戏。教师应以角色身份在游戏中同儿童所扮演的角色进行游戏交往，带动儿童游戏的兴趣，逐步深入，加深儿童游戏的体会，使儿童逐渐产生角色意识，提高角色扮演的自觉性和水平。教师还可鼓励儿童角色之间相互交往，提高儿童团体协作能力。一旦儿童做出积极的游戏交往行为，教师要及时地予以肯定，强化儿童集体游戏中愉快情绪的体验。

(3)主要以教师讲评为主。评价的重点放在儿童对操作材料的使用和对角色之间相互关系的认识上，讲评应结合游戏过程的实际情况开展，便于儿童更好地理解。

链接案例：

今天，小语运气非常好，又有机会进小厨房玩了。没多久，马跃跑来问我："老师，我也想去小厨房玩。"我同意后，他开心极了，马上跑到小语身边，和她一起配菜，马跃很熟练地从柜子里拿出几个空盘子，递给小语，等小语配好菜，他就拿给"小厨师"下锅，他俨然负责起了递送工作。虽然，这一系列的过程中，没有过多的语言交流，但是他们玩得津津有味。在整个游戏过程中，只要小语玩什么，马跃也玩什么。马跃就是在模仿复制小语的动作、玩法。游戏一直进行着，突然，正在包饺子的陈伟说："来帮我包饺子啊，饺子太多了。"小语叫马跃去帮忙，马跃没有动。小语又说："马跃，你去包饺子。"马跃就跑去包饺子了，他包得可开心了,一直到游戏结束,都在包饺子。

2.中班的角色游戏指导

1)中班儿童角色游戏的特点

中班儿童角色游戏的特点主要有以下几点。

(1)游戏主题有所扩展,但仍以日常生活内容为主。

(2)游戏主题趋于稳定,游戏出现了更为丰富的情节,但总体而言,情节较为简单。

(3)儿童能够积极地根据角色的职责行动。

(4)出现了协商主题、分配角色和规划游戏情节的行为,游戏中儿童的交往明显增多,交往能力也随之提高。

(5)儿童喜欢对游戏进行评价,评价中争论较多。

2)中班角色游戏指导要点

中班角色游戏指导要点主要有以下几点。

(1)教师可针对游戏主题的不同,适当减少成型的游戏玩具和操作材料,鼓励儿童发挥想象力,积极寻找替代品。给儿童提供一些半成品的材料,鼓励儿童自己动手制作游戏玩具。

(2)通过语言、行为等方式引导,加深儿童对角色的理解。例如,可以用语言来提示儿童:"医生下班以后要干什么呀?""要接孩子放学、要买菜做饭",等等。

(3)游戏中认真观察,当儿童发生纠纷时,引导儿童使用除吵闹、打架之外的多种处理方式,协商解决争端。

(4)游戏结束后,引导儿童就游戏中出现的问题开展讨论,在讨论中解决问题,学会分析问题、总结问题、解决问题的方法。

链接案例:

游戏开始啦!孩子们穿梭在游戏区域中,来来往往好不热闹。今天,好吃点的生意特别好,因为好吃点的厨师们"研发"了新产品。客人络绎不绝地来到店内,一个厨师负责烧烤,另外四个厨师忙着给客人做小点心。姗姗来到店内:"给我一串糖葫芦。""好的。"樱姿说道。接着姗姗坐在了餐桌旁等候。"糖葫芦好了。"樱姿对着姗姗喊道。姗姗站起来,拿着糖葫芦把钱给了樱姿后就坐在餐桌边享用美味了。这时候第二个客人来了,樱姿随手把钱扔在桌子上就去招呼客人了。再看看餐桌那边,姗姗吃完了糖葫芦,满意地离开了,留下了一桌的木棒与橡皮泥。时间慢慢过去,厨房桌子上散落的钱越来越多,顾客餐桌上、地上的剩菜也越来越多了!

3.大班的角色游戏指导

1)大班儿童角色游戏的特点

大班儿童角色游戏的特点主要有以下几点。

(1)游戏的主题丰富,能反应儿童所能理解的社会生活中各种事物与现象。

(2)游戏有明显的目的性和计划性。

(3)游戏主要为联合游戏和集体游戏。

(4)角色扮演逼真,能反映角色的心理情感及角色之间复杂的关系。

(5)对游戏规则的认识更加深入,游戏中能够主动遵守游戏规则,并同游戏同伴开展有目的的广泛的交往。

(6)游戏主题稳定,能够独立解决游戏中出现的问题。

2)大班儿童角色游戏的指导要点

大班儿童角色游戏的指导要点主要有以下几点。

(1)指导儿童自己创设游戏的环境、准备玩具和操作材料。

(2)教师可通过提问、建议、扮演角色等方式介入游戏进行指导。

(3)游戏结束后的评价围绕游戏中儿童行为的意义开展,而不应局限在游戏过程中儿童的表现。评价的方式以儿童共同讨论为主。

链接案例:

生活馆里由美容院和理发厅组合而成,渠霖协商后选择当一位美容师。刚开始她拿了枕头、大毛巾、化妆品、蒸汽机等材料布置成美容院,当客人一来,渠霖美容院提供的材料仍然不够,她拿大毛巾为客人包住头发后,就没有毛巾可以帮客人洗脸了。于是她掏出自己的小手帕,假装用它为客人清洗。当小手帕使用完后,她还拿了个篮子充当水槽,洗干净后再继续使用,看到美容院由她来管理,我满意地走向其他主题中。一会儿,渠霖跑过来对我说:"我把喷嚏打到客人脸上,他们都跑光了!""你感冒了?怎么忘了转过脸或是捂着嘴巴呢?"我问道。"来不及了!而且捂着嘴巴等下还要帮客人按摩也是很脏的!"渠霖回答道。"那你找个东西捂着好了,想想,什么东西比较适合的?"渠霖想了一会突然喊道:"阿姨在分点心不是有口罩吗?好像大一班开的医院也有,我去借一个用用。"于是,渠霖向大一班的"医生"借了一个口罩,继续当起了美容师。

三、角色游戏范例

范例一:

角色游戏观察记录表如表 4-3 所示。

表 4-3 角色游戏观察记录表

班级:小1班	日期:2012.10.13	记录人:李娟
观察内容:娃娃家	角色分配:丰顺扮演爸爸,张楠扮演妈妈	
游戏背景:今天是开学后第一次的角色游戏,幼儿被分别派到各个区域进行活动,但他们都在玩自己的玩具,桌上、地上都是玩具……		
幼儿行为	教师行为	说明
丰顺进入娃娃家后选择领带当起爸爸,张楠进入娃娃家后选择头饰当起了妈妈。丰顺爸爸在厨房里把菜、碗等用具摆满了桌子。张楠妈妈抱着娃娃在卧室,一会给娃娃穿衣服,一会给娃娃喂饭。他们的行为比较随意,看见杯子,拿起来喝;看见碗,拿起来吃。张楠妈妈看见有好玩的玩具就把娃娃扔在床上自己玩去了,等到游戏结束,地上,桌上都是玩具,丰顺爸爸把玩具收拾起来,把菜放在篮子里,而张楠妈妈搬起小椅子出去了……	游戏刚开始,教师用扫描观察法扫视了一下幼儿游戏的情况。 教师介入:"爸爸,你在烧什么菜,菜应该放在什么地方?" "谁是妈妈,娃娃怎么扔在床上不管了?"	对于小班幼儿来说,游戏环境能吸引幼儿,游戏开始后,都愿意进入游戏区域。 对游戏的规则还需要继续培养,教师将用直接介入法指导幼儿进行游戏。
分析:第一次游戏,幼儿由于生活经验的缺乏,规则意识还没有形成,进入区域后幼儿角色意识不明确。在活动的时候,幼儿比较随意,想到什么就做什么。儿童多半在摆弄玩具,而没有进行深入的活动内容。		

范例二：

大班角色游戏教案

一、活动目标
(1)能够明确自己所扮演角色的职责,并能坚守岗位。
(2)能够使用礼貌用语,较安静地游戏。

二、活动内容
娃娃家、医院、理发店、菜场、银行、公共汽车、超市。

三、活动过程

1.引导语

小朋友,今天我们又要来玩娃娃家了,你们高兴不高兴啊?上次我们在玩娃娃家游戏的时候,李子恒小朋友玩得可棒了!他呀,本来是娃娃家的爷爷,可是后来看到医院的医生不够了,就自己到了医院,给病人看病。而且,他看病的方法与别人不一样,用的是气功。今天,我要再来看一看,小朋友是不是都能够找到自己的工作,并且,能够把工作做到下班。还有,我们在做游戏的时候是不是要安静一点啊?这样,在医院里看病的病人就能够很好地休息了。

2.幼儿游戏

1)教师指导
①重点指导娃娃家,扮演客人的角色和娃娃家的妈妈一起将娃娃家整理干净。
②普遍指导各个服务场所能运用礼貌用语。

2)教师观察
①观察幼儿是否能够先搬好椅子和桌子,再去拿玩具。
②观察幼儿是否能够自己解决一些遇到的小问题。
③观察幼儿是否能够按照教师的要求坚守自己的岗位,不在教室中间奔跑。
④观察幼儿游戏的声音是否较低。

3.教师评价
①让个别幼儿介绍今天自己的新发现,并给予肯定和鼓励。
②对今天在游戏中能够坚守自己岗位,并能使用礼貌用语的幼儿给予表扬。
③对在游戏中能够放低音量进行游戏的幼儿给予表扬,并告诉幼儿在下次游戏中也要看他们的表现。

思考与练习

1.什么是角色游戏?其特点及构成要素是什么?
2.角色游戏对幼儿发展的促进价值有哪些?
3.角色游戏开展过程中的指导要点有哪些?
4.各年龄班角色游戏的特点及指导要点有哪些?

第五章

表演游戏

学习目标

知识目标：
- 理解表演游戏的定义和特点；
- 掌握常见的学前儿童表演游戏的种类；
- 理解表演游戏对学前儿童发展的促进价值；
- 了解并掌握各年龄班表演游戏的特点及指导要点。

能力目标：
- 能够用生动的语言和表情、动作给学前儿童讲故事；
- 能够操作各种木偶、人偶给学前儿童进行故事表演；
- 能够指导各年龄班学前儿童进行小型歌舞剧表演。

情境导入：

离园前，我请小朋友们进行自选区域活动。有的脱鞋到娃娃家玩办家家的游戏、有的在建构区搭房子、有的在数学区找朋友，我转眼一看，表演区更是热闹非凡。涂文轩和戴源儿在打鼓，杨茜雅和张凌嫣戴着表演区的新疆帽子和服装站在门口当迎宾："叔叔好！阿姨再见！"瞧！胆小的程子芮和江秒可小朋友也站在表演区的小话筒前一起表演："我来做爸爸呀，我来做妈妈……"我慢慢地走向程子芮小朋友，想看她的表演并给她鼓励，可是当她看到我走过去时，她立刻停止表演安静地坐到椅子上。我想是我打扰了她的表演吧。于是，我又站到门口假装不看她，她又悄悄地回到表演区的小话筒前表演起来，直到她的爷爷来接她回家。

表演游戏是指儿童以文学作品中原有情节为线索，带着自身对作品的理解，扮演作品中的角色，再现文学作品内容的一种创造性表演的游戏。简而言之，表演游戏就是儿童依照童话、故事等中的情节、角色，以及语言展开的游戏活动。

表演游戏与角色游戏的共同点在于两者都是扮演角色。角色游戏中的角色（包括该角色特有的情节和语言）带有浓厚的社会性，是儿童以自身经历的社会生活为线索自由展开的游戏。表演游戏中的角色则更带有文学性，是儿童以艺术加工后的文学作品内容为线索而展开的游戏。

第一节 表演游戏的特点

一、表演游戏的类型

在幼儿园，表演游戏主要是由儿童根据文学作品的内容进行角色扮演游戏，包括故事表演、童话剧、歌舞剧等。在游戏中,儿童自娱自乐,不在乎是否存在观众。但随着儿童年龄的增长,表演游戏逐渐呈现出不同特点。三四岁的幼小儿童,只能表演自己听过或看过的作品中印象最深的情节片断,表演简单且缺乏内在联系。五六岁的儿童则相对具有计划组织性,表演前知道对作品内容、情节发展、角色的对话与动作特点进行理解消化,能按作品中的人物分配角色、准备相关道具,表演过程较连贯和生动,甚至能对原有作品进行创作后,再自编自演。

此外,幼儿园还有一种分类方式,即按照儿童在表演游戏中经常利用的各种辅助材料来分,其具体分类有以下几种。

1. 桌面表演游戏

儿童表演的舞台是"桌面"。在桌面上,儿童运用各种教玩具或游戏材料替代文学作品中的角色,以儿童的口头语言(独白或对白)和对玩具材料的操控,再现文学作品。

桌面表演如图5-1所示。

2. 木偶表演游戏

木偶原指用木头制作的玩具,但现在我们把幼儿园里,用各种材料(例如,木、布、纸、塑胶瓶等)制成的各种人物、动植物造型的玩具,都称为木偶。顾名思义,木偶表演游戏就是用木偶进行文学作品表演的游戏。

常见的木偶有布袋木偶、手指木偶、提线木偶和杖头木偶几种,还有一种重要的表演形式就是人偶同演。

布袋木偶如图5-2所示,手指木偶如图5-3所示,提线木偶如图5-4所示,杖头木偶如图5-5所示,人偶同演如图5-6所示。

图 5-1 桌面表演图片

图 5-2 布袋木偶

图 5-3 手指木偶

图 5-4 提线木偶

图5-5 杖头木偶

图5-6 人偶同演

3. 影子戏表演

影子戏表演是根据光学原理，通过光的作用，利用物体阴影的活动来表演文学作品内容。常见的有人影和手影戏、头饰和手饰影子戏，以及纸影和皮影戏。其中，头饰和手饰影子戏是将人影造型戴在头上或手上，以头或手的动作操纵影子进行表演的一种方式。

图5-7为影子戏图片。

4. 自身表演

自身表演也就是幼儿自己扮演角色进行表演的游戏活动。孩子们的表演来源于自身生活经验，单纯而质朴。他们以故事、诗歌、童话等作品作为蓝本，按照自己对作品的理解，在游戏中自编、自导、自演，每一遍演出都可能不一样。

图5-8为自身表演图片。

图5-7 影子戏图片

图5-8 自身表演图片

二、表演游戏的特点

1. 表演游戏是儿童的一种娱乐性游戏

表演游戏与生活中的戏剧表演存在本质差别。戏剧表演和表演游戏都在一定程度上依托文学作品，但追根究底，戏剧表演是一种"演出"，脱离不了观众；表演游戏则只是儿童的一种自娱自乐的游戏活动，儿童开展此种游戏的目的在于追求"有趣好玩"，并不在乎有无观众，也不迎合观众。儿童投入表演当中，只是因为关注活动自身的趣味性，即使没有观众，也会独自兴致盎然地表演。

表演游戏的本质是"游戏",儿童从中获得愉悦的情感体验。因此,幼儿园在开展表演游戏时应重"游戏"、轻"表演",若缺乏"游戏性",表演游戏将失去作为游戏活动质的规定性。

链接案例:

星期三的晚上,小石头非常正式地通知全家:本周末他要参加幼儿园的话剧汇报演出,邀请全家都去观看。我问他扮演什么角色,他神秘地说:"保密,到时候你们就知道了!"看着小石头兴师动众的模样,我们都猜想,这次估计他扮演的是一个很重要的角色,并且会表演得很好。

周末,我们全家早早地来到幼儿园为小石头捧场,满怀期待。话剧开始了,我们一刻也没放弃地满场寻找他的身影。结果一直到散场,我们都没有发现小石头。我们又失望又纳闷。不一会儿,小石头兴奋地跑到我们身边,急不可耐地问我们:"你们看到我了吗?我就是后面那颗大石头,是从左边数的第三个,你们发现了吗?我今天一直都忍住没有动,只在表演中间的时候轻轻地动了一下!我保证,谁也没有发现!"我恍然大悟:原来孩子沉浸在表演带来的满足感中,一点都不在意是否露了脸,是否扮演了主要角色!一切都是我们大人的虚荣心作祟!

2. 表演游戏是儿童以文学作品为依托的创造性表演活动

表演游戏与角色游戏较为相似,都通过角色扮演反映生活。区别在于,角色游戏中儿童多为扮演现实生活中的各种人物、事件,表达儿童对生活的理解和印象。而在表演游戏中,儿童扮演的是文学作品中的角色,要根据自己对作品的理解、喜好和社会经验进行反映文学作品情节内容的表演。

同时,表演游戏也给予了儿童较大的自主性和创造性,儿童可以自创游戏中的语言动作,甚至角色和情节也可按照个人喜好加以增减,每一次游戏都可以有所不同。

因此,表演游戏蕴含着儿童丰富的想象力和创造力,也是一种艺术创造性的表演活动。

链接案例:

午餐后,乐乐迫不及待地拿出从家里带来的故事书《孙悟空大闹天宫》,几个"猴哥的超级粉丝"簇拥在一起交头接耳。乐乐边翻书边指手画脚:"孙悟空一个斤斗就十万八千里!嗖……"说着不过瘾,乐乐一激动就摆起了孙悟空的造型,身边几个孩子也纷纷效仿,班里一下子蹦出好几只"猴子"……

第二节　表演游戏的教育作用

开展表演游戏时,儿童通过扮演文学作品中的角色,用对话、表情、动作等创造性地再现文学作品内容,不仅可以加深其对文学作品的理解和兴趣,发展语言表达能力和想象创造能力,还能生动活泼地培养儿童积极向上的个性,使儿童潜移默化地受到艺术熏陶。

一、提高儿童对文学作品的理解和兴趣

表演游戏既是儿童加深对文学作品学习理解的过程,又是提高儿童学习兴趣的有效途径,真正实现了主体性的"多通道"感知学习。在表演中,儿童需要揣测、理解作品中的角色,表演角色,呈现角色的思想情感、语言和动作。同时,儿童借助表演,能更好地掌握作品的主题思想、内容以及情节、特定的人物关系等。在游戏过程中,儿童的各种语言信息伴随着动作信息和情境信息一齐输入大脑,与头脑里已有的经验巧妙地融为一体,加深了儿童对文学作品的学习理解。表演游戏本身蕴含的"趣味性"容易吸引儿童的关注和兴趣,因此,这也是一种提高儿童学习兴趣的有效途径。

链接案例：

中班幼儿有一段时间热衷于玩《三只蝴蝶》的表演游戏，开始几次，幼儿的游戏进程基本上都是按照作品进行的，三只蝴蝶相亲相爱不分离，要来一块来，要走一起走，宁愿一起淋雨也不愿意各自躲在同颜色的花下面。后来时间一长，孩子们就开始提出问题了："三只蝴蝶也太傻了，它们为什么不去躲雨，而要一起淋雨呢？这样一起淋雨会感冒的！要去医院打针的！""对呀，下雨的时候我们也是在自己家里躲雨的呀！"老师问："如果你们是小蝴蝶，你们会怎么做呢？""那怎么能说明好朋友相亲相爱不分离呢？"于是，孩子们把《三只蝴蝶》改编成大雨来临的时候，小蝴蝶们各自躲在同颜色的花下面，而当太阳出来的时候，三只蝴蝶又快乐地一起游戏了。这种创造性的改编表达了孩子们对作品、对生活的理解，其思维的创造性、灵活性是非常值得肯定的。

【案例来源】：王荃.区域游戏与主题游戏的融合【M】.北京：中国妇女出版社，2003.

二、有效发展儿童的语言表达能力

情节生动有趣、语言活泼优美的文学作品总是容易吸引儿童的兴趣，促使儿童积极模仿和表演。以文学作品为依托的表演游戏，有着语言、社会、认知等多方面的信息，能有效地帮助儿童掌握优美的语言内容、语言形式和运用的经验。在表演游戏的过程中，儿童潜移默化地学习和使用各种不同词汇和句式，增加了对各类词汇的理解，并自然地清楚了特定语言使用的语境要求，从而有效地发展儿童连贯的语言表达能力。

三、丰富儿童的想象创造力

表演游戏过程也是儿童想象创造的过程。在游戏中，儿童依靠自身对文学作品的理解，在表演时对作品的某些内容、情节和具体语言进行修改，创造性地刻画表现角色的性格特点，这都与儿童的想象力、创造力密不可分。表演游戏经常需要使用道具和装饰，这恰恰也是一项富有创造性和想象力的工作。如用木棒当作战马，用卷纸筒制作长颈鹿等。

四、有利于培养儿童的良好个性

表演游戏，通常以集体游戏的形式呈现，不但每个人都有特定角色，必须以角色要求的语言和行动来表现，而且各角色之间还得互相呼应配合，如此才能成功满足游戏的需要。参与游戏的儿童，只有克服自身羞怯，积极主动地融入集体才能享受游戏的乐趣。

其次，表演游戏是以故事或童话等艺术作品为蓝本，对儿童有强大的感染力。儿童在扮演角色时，反复体验理解角色的特点和性格，以及作品的情感主题，这都对培养儿童积极向上的品德和行为产生良性的影响。

五、巧妙加深儿童的艺术熏陶

表演游戏是加深儿童经受艺术熏陶的良好途径。在表演游戏中，儿童经常出现主动关注自身形象，尝试改善自身的仪容仪表、言行举止的现象。表演游戏具有艺术活动特征，儿童会通过表演，自发自然地接受作品的语言美、艺术美的启迪，提高美的感受，并用语言、动作去创造、表现美，从而发展儿童的审美能力，陶冶儿童的艺术气质。

第三节　表演游戏的指导

表演游戏是儿童喜好的游戏方式之一。科学正确地指导儿童开展表演游戏,既能满足儿童的游戏需要,又能促进儿童的教育发展。

一、表演游戏组织与指导原则

在组织和指导儿童开展表演游戏的过程中,教师应该遵循以下两大原则。

1. 游戏性重于表演性

长期以来在幼儿园里表演游戏存在"重表演、轻游戏"的倾向。为了让儿童快速达到生动表演的水平,教师往往采用手把手地教授等高控制手段的指导策略。教师生硬地把自己对作品的理解强加在儿童身上,控制儿童按照教师的理解和标准表演作品的内容。此时,表演游戏已失去其质的规定性——游戏性,单纯地成为一次表演。

只有改变这种倾向,表演游戏才能成为儿童喜闻乐见的游戏形式。这就要求教师在组织和指导儿童的表演游戏时,必须遵循"游戏性重于表演性"的原则,即首先把表演游戏当作儿童的游戏,而不是表演,让儿童在活动过程中得到游戏性的体验。具体来说,教师应把自由选择的权利交还给儿童,把活动方式和方法的决定权交给儿童,活动的难易程度由儿童自主控制。

2. 游戏性与表演性的融合

表演游戏的"游戏性"和"表演性"其实是能相互融合为一体的。"游戏性"是表演游戏的本质特征,体现并贯穿在整个活动过程中;而"表演性"则是由"一般性表演"向"生动活泼表演"的提高发展过程,儿童能通过积累表演经验来提高表演水平,所以实现表演游戏的"表演性"并不必然以牺牲"游戏性"为代价。

教师只有把握"等待的艺术",才能促进游戏性与表演性的融合。通俗地说,教师要耐心地等待儿童,给予儿童发展提升的空间和时间,给予儿童自主探索的机会,在这样的教育环境下,儿童才能享受表演游戏的过程。

二、表演游戏指导的主要内容

儿童表演游戏要经历从一般性表演到生动活泼表演的发展过程。表演游戏的"表演性"和儿童的年龄特点决定了教师的正确指导在促进儿童发展过程中的重要地位。一般而言,教师对儿童表演游戏的指导主要包括以下内容。

1. 协助儿童选择主题

适于儿童进行表演游戏的作品:首先必须有健康活泼的思想内容,作品情节紧凑,角色性格鲜明,深受儿童的喜爱;其次,作品要有一定的情境和明显的动作性,例如,《拔萝卜》的故事,情境就是一片萝卜地,"拔萝卜"动作鲜明;再次,作品的情节主线应简明,便于儿童理解记忆,但情节发展节奏要较快,变化明显,重点突出,这样才能成功地吸引儿童的兴趣,并使儿童易于表演;最后,作品应有较多的对话,对话简明且能用动作配合,以便儿童在表演中边说边做,增加表演的趣味性。

2. 创设适宜表演的游戏环境

游戏环境对儿童能否顺利开展表演游戏将产生重要影响。教师可根据儿童所喜爱的故事角色,吸引儿童参与准备教玩具、服装、道具以及布景等活动,并及时设置摆放出来,为儿童创设游戏环境,最终成功地激发与保持儿童开展表演游戏的欲望和兴趣。

表演游戏所需要的环境主要有舞台、布景、服饰和道具。教师和儿童可利用幼儿园现有资源、废弃材料因地制宜地设计创造游戏环境。

链接案例:

在小班组织表演游戏"小兔乖乖"时,有一次"兔宝宝"不再想吃胡萝卜,而提出要吃点点心,"兔妈妈"很为难地向老师求助:"没有商店我到哪去买饼干呢?"游戏结束后,教师组织幼儿展开讨论,最后大家一致决定在游戏区中设立一个"小商店"。这样一来竟收到了意想不到的效果:兔妈妈为了给兔宝宝增加营养,到小商店里买了许多食品;为了骗过小兔子,大灰狼专程来到商店买了些能改变嗓音的药;另一只大灰狼到商店买来了假发、花衣服等打扮成兔妈妈的样子,到小兔子家去行骗;机警的小兔子趁大灰狼不注意,溜出来到商店的公用电话亭给妈妈打电话,让妈妈赶快回家。

3. 指导儿童进行角色分配

儿童往往喜爱故事中的主人翁,特别愿意扮演主人翁。但是表演故事,需要故事里的每一个角色的协助配合,每一个角色都是表演中不可缺少的重要部分。这需要教师的积极引导,让儿童关注每一个角色的价值,并能以满腔的热情对待自己所扮演的角色。在分配角色时,教师要充分尊重儿童的选择,但同时也得引导儿童理解轮换担任角色的必要。

链接案例:

"叶老师,今天我想做大树妈妈!""叶老师,我也要……"

"你们都要做大树妈妈,没有树叶宝宝怎么表演呢?"老师把问题交给孩子。孩子们一下子沉默了。"那——要不我们轮流吧!"终于有孩子先开口了。

"那谁先来呢?"老师继续提问。"我!""我先!"孩子们又争吵起来。

"到底谁先来?赶紧想个好办法吧!"老师引导孩子们自己解决问题。"宣宣一次都没有做过大树妈妈,还是让她先来吧!"单单向来大胆。"她又不会做的!她胆子很小……"有人不同意了。

"宣宣,你想试试吗?"老师征求宣宣的意见。

"嗯!"宣宣点头用很轻的声音回答。

"那就让宣宣做大树妈妈好了!"单单再一次表现出她的正义感。

孩子们算是同意了。老师点头默许。

表演终于开始了,可因为宣宣的声音实在太小,"树叶宝宝"都没有听到"妈妈"的呼唤,错过了音乐,表演以失败告终。

"我还是喜欢做小树叶……"宣宣一脸的尴尬。

"那我来做大树妈妈,我会让所有的树叶宝宝回到我身边的!"单单诚恳提议。

"可是我也想做!""我也想!""让我先来……"争吵声再一次响起。

"单单说话很好听,让她试试吧!"关键时刻老师终于开口了。

"那我排在她后面!"佳佳心有不甘。

在大树妈妈声情并茂的呼唤下,表演精彩地结束了。

4. 指导儿童的表演技能

教师需要及时指导儿童的表演技能,鼓励儿童积极主动并自然生动地表演。为了更好地表现作品中的人物特征,教师可积极引导儿童在日常生活中观察、交流和模仿,并注重在生活中提高儿童口头语言的表达能力、歌唱能力及形体表演技能。在必要时,教师还可采取亲身示范的方式,既可激发儿童的表演欲,又可丰富儿童的表演素材和表演技巧。教师与儿童共同参与表演也能促进儿童的表演技能的提高。

三、中班、大班表演游戏的指导要点

1. 中班儿童表演游戏的指导要点

中班儿童在进行表演游戏时,表现出一定的年龄特征:能自行分配角色,但轮流担任角色的意识不强,不太愿意轮流扮演各种角色;以动作表现为主,且处于一般表演阶段;游戏的目的性不强,表演随心所欲的成分居多,需要教师的提醒才能坚持游戏主题;游戏计划性不严密,展开游戏需要较长的时间,临时改动较多。因此,教师应注意及时指导儿童,引导儿童理解换角色轮的重要性,并为中班儿童提供足够的游戏时间(不少于30分钟)和空间,提供2~3种简单的表演材料。

在开展表演游戏的初期,教师可协助儿童做好角色分配工作并讲解角色轮换的必要性。在开展表演游戏过程中,教师要耐心地指导儿童理解、表现角色,不用急于示范和过早过多干预儿童的表演,同时,应注意提醒儿童坚持游戏的主题。

2. 大班儿童表演游戏的指导要点

大班儿童开展表演游戏的技能有了大幅度的提高。他们往往能独立合理地分配角色和角色轮换,具备一定的表演技巧,能较为灵活地以多种形式表现作品,但表演水平仍有待提高,游戏的目的性和计划性较强,能成功表演作品内容。因此,教师可为大班儿童提供较多种类的表演材料,鼓励和支持大班儿童进行多样化的表演探索。

在开展表演游戏的初期,教师也应为大班儿童提供适宜的时间、空间和材料,并尽可能少地进行干预。在开展表演游戏过程中,教师需要及时地向儿童反馈表演的情况,重点反馈角色塑造的情况,加强儿童用语言、表情和动作塑造角色的能力。

第四节 表演游戏范例

4岁左右的儿童游戏兴趣明显增强,游戏内容较为丰富,游戏水平也有较大水平的提高,他们往往能自行选择游戏的主题、设计组织游戏、自行分工合作表演游戏等,还会利用替代物进行游戏。例如,他们会担任主厨烹饪各种好吃的"菜"——实际上,他们是在用小木棍"翻炒"小树叶呢!为了能进一步了解儿童表演游戏时的发展情况,教师通常需要在游戏过程中仔细观察并记录儿童的游戏情况。

范例一:

表演游戏:小熊请客

游戏目标:
(1)能在语言、动作、表情等方面大胆地表现角色的性格特征。
(2)知道与同伴协商、轮流扮演角色,进行合作游戏。
(3)积极体验游戏的乐趣。
游戏准备:
(1)已经初步表演过《小熊请客》。
(2)丰富游戏情境:小熊的家,草地。
(3)动物头饰:小熊、小猫、小狗、小鸡、狐狸头饰若干。
游戏过程:
(一)观看表演录像,激发再次表演兴趣

(1)教师播放表演录像:上周我们表演了一次《小熊请客》,大家都特别像演员,我们一起来看看吧!

(2)简要点评上次的表演,并引导儿童说一说在表演过程中出现的问题,如个别角色的扮演者不够大胆,表现的角色特征不够突出等,激发儿童找出解决问题的办法。

(二)集体学习表现角色特征的方法

(1)音色、语调方面。

①小熊:声音稍粗较为低沉、憨厚、语速较慢。

②狐狸:声音稍尖细、狡猾、不怀好意的语气。

(2)动作表情方面。

①小动物们高兴、紧张、取得胜利后的表情和动作。

②狐狸的表情和动作。

(三)小组游戏,教师巡回指导

(1)教师提出本次游戏的要求:能和伙伴合作进行小组表演,遇到问题时积极想办法解决,大胆地表现各角色的特点,爱护游戏材料。

(2)教师引导儿童自行分组游戏,并重点运用语气、动作和表情表现角色特征。

(3)在游戏过程中,教师帮助表演能力稍弱的儿童进行表演,例如,示范、引导等。

(4)提醒儿童交换头饰、轮流表演。

(四)反思及评价

(1)请个别儿童说说自己和同伴合作表演的情况。

(2)教师总结。

范例二:

表演游戏:小猪盖房子

游戏目标:

(1)能自主分配角色,解决游戏中的冲突。

(2)能与伙伴合作表演故事的基本情节。

(3)敢于大胆地展示自己,并创造性地进行表演游戏。

游戏准备:

(1)已经熟悉故事《小猪盖房子》,并练习过故事里角色的对话。

(2)创设游戏场景:稻草房、木头房和砖头房子,大树等。

(3)动物头饰:猪妈妈、猪老大、猪老二、猪小弟、大灰狼等头饰若干。

游戏过程:

(一)巩固故事内容,掌握角色对话

(1)教师旁白,儿童集体复述各角色的对话。

(2)教师初步引导儿童用动作、表情,以及不同语气的语言表现故事中的猪妈妈、猪老大、猪老二、猪小弟、大灰狼。

(二)分组表演《小猪盖房子》

(1)儿童自由结伴,分成4个小组。儿童自行分配角色、头饰。在分配过程中,若遇到小冲突,教师应鼓励小组儿童协商解决问题。

(2)儿童进行表演游戏。教师仔细观察儿童在游戏中的情况。

(3)教师适时参与个别小组儿童的表演,对难以表现的动作、语气、表情和心理活动进行示范,丰富儿童的对话语言。

(4)教师鼓励儿童利用身边的材料创设游戏环境,提升表演质量。

(5)表演过程中出现冲突现象时,教师引导儿童想出解决问题的办法,如合作、角色轮换等。

(三)小结表演游戏情况

教师简要小结各小组的表演游戏情况,突出赞赏能自行解决冲突的小组成员。

(四)集体观摩并评价

1.教师选择在游戏过程中冲突最多,但妥善解决冲突的一组,在集体面前表演。同时,提出要求:其余儿童安静地观看,相互学习。

2.在表演完成后,请观看表演的儿童说说小伙伴们表演得怎么样,并请表演的儿童讲一讲在练习表演时,发生了什么冲突,怎样解决冲突的。(如当有几个小伙伴都想表演同一个角色时,他们是怎么解决这个问题的。)

在《小猪盖房子》表演游戏中,教师的观察要点有以下几个。

(1)观察儿童在表演游戏中对哪一个环节最感兴趣,如声情并茂地表现角色等。

(2)观察儿童能否顺利合作进行游戏表演,若不能,请观察问题所在。

(3)教师还应注意,表演游戏与故事表演不同,可以鼓励儿童创编某些情节和对话。

思考与练习

1.什么是表演游戏?其特点是什么?

2.表演游戏与角色游戏的区别是什么?

3.表演游戏的类型有哪些?

4.各年龄班表演游戏的特点及指导要点有哪些?

第六章

结构游戏

学习目标

知识目标：
- 理解结构游戏的特点和教育作用；
- 掌握结构游戏的分类及各种结构玩具的主要特征；
- 掌握幼儿结构游戏指导的基本任务；
- 掌握各年龄班幼儿结构游戏的特点与指导要点。

能力目标：
- 能制订各年龄班幼儿结构游戏教学指导计划；
- 能用积木和积塑玩具建构一定的结构物；
- 能根据幼儿特点设计制作分割图游戏；
- 能用自制的七巧板进行拼图游戏。

情境导入：

今天，小朋友们在建构区搭了一个小滑梯，两个圆柱形积木做支柱，三块长方形积木表现出了滑梯的主要特征。孩子们高兴地喊我："老师，快来看我们搭的滑梯。"几天后，孩子们对滑梯的兴趣更浓，滑梯的造型也由简单的桥式滑梯转向了旋转滑梯，同时他们也对转马、旋转飞机产生了兴趣。于是我趁机抓住了孩子们的兴趣点，引导他们讨论还有什么游乐器械，从而产生了新的建构主题"游乐场里真有趣"。通过讨论，大家选择了一些易于用积木表现的游乐设施，如旋转飞机、丛林鼠、碰碰车、激流勇进、组合滑梯等。孩子们的搭建兴趣非常浓厚。

结构游戏也称为建构游戏，与角色游戏、表演游戏并称为三大创造性游戏。儿童自3岁左右开始玩结构游戏，从简单的积木游戏开始，随着年龄的增长和身心发展水平的提高，逐渐趋向多元化、复杂化的结构游戏。

"结构"一词从拉丁文construstlc演变而来，原意是建筑，结构游戏就是儿童利用各种各样的结构玩具或材料构造物体形象的一种游戏。

第一节 结构游戏的特点和教育作用

一、结构游戏的特点

1. 结构游戏是儿童的一种创造性活动

结构游戏是儿童通过组装、搭建各种结构元件，进而形成造型各异的各种物体的一种游戏。单独的

结构元件并不足以完成整个造型过程,只有当多个结构元件通过构造活动组合成某一个结构物时,结构元件才真正具有意义。即使是同样的结构元件通过儿童创造性的组装、拼接等一系列活动,也可以展现出千变万化的形象。儿童的想象力和创造力使得结构游戏具有了生动的意义。儿童在进行结构游戏时,常会遇到结构元件不足的情况,这时也需要儿童发挥想象力寻找合适的替代物,或动手制作形象接近的结构元件,这同样也是儿童创造性思维的过程。因此,结构游戏的过程即是儿童发挥想象力和创造力的过程,结构游戏从本质上来说是一种创造性活动。

2. 结构游戏是儿童的一种艺术活动

想象与创造的过程本身就是一种艺术加工的过程。结构游戏同绘画、雕塑一样,是一种造型艺术活动,不仅反映儿童的审美能力,同时也需要儿童掌握简单的艺术造型常识和技能,如空间想象、设计、平衡、色彩搭配等能力。儿童天性烂漫,拼搭的结构物往往造型夸张、充满童趣,是表达儿童美好的诉求和人类原始审美情趣的艺术品。

3. 结构游戏是儿童的一种操作活动

结构游戏是一种儿童通过动手摆弄、操作结构材料进行造型的游戏活动,操作造型是构造活动的基本表现形式。如搭建积木,儿童需要将积木一块块地进行组合、拼接,建构出各种各样的物体造型。在游戏过程中,儿童必须亲自动手操作,才能体验到游戏的快乐,得到精神的满足,同时,也获得对现实生活的认识,因此,儿童对操作材料的操作与造型是结构游戏得以进行的重要支柱。

二、结构游戏的教育作用

1. 结构游戏有利于培养儿童的肌肉能力和手眼协调能力

结构游戏过程中,一边要用手不停地摆弄各种操作材料,一边要用眼睛观察操作材料的拼搭方法、色彩的搭配等因素,力求实现构造物的成功搭建。眼睛观察的结果是指导儿童动手选择和拼搭结构材料的先决条件,因此,结构游戏的过程也是儿童手眼共用,协调动作的过程,在一定程度上结构游戏锻炼了儿童的手眼协调能力。

同时,儿童不断地操作各种结构材料,运用各种手指及手臂动作,如拼接、穿插、搭建等,通过反复接触和锻炼这些动作,极大地锻炼了儿童手的小肌肉动作的协调性和灵活性,使肌肉感知变得敏锐、清晰,有利于儿童肌肉动作的发展。

2. 结构游戏有利于培养儿童的观察力及思维能力

结构游戏不是儿童无意识地将各种结构材料随机堆积在一起的游戏,而是需要儿童通过细致的观察和缜密的思考,最终将操作材料运用结构力学、色彩搭配等多种建构常识有机地组织成某一结构物的过程。儿童需要考虑选择合适的建构材料、用多少建构材料、建构材料的拼搭形式及顺序等问题,在这一过程中,儿童的观察力与思维能力都能够得到有效的发展,因此,人们常常将建构游戏作为开发儿童智力的一种手段。

3. 结构游戏有利于培养儿童坚强的意志品质

结构游戏是一项细致的工作,一个结构物的成功搭建需要几十个结构元件的有机组合才能成功,搭建的过程往往是不断试误,最终成功的过程,这就需要儿童表现出极大的细心、耐心和恒心。遇到困难时,儿童要勇于克服困难,对最终的成功充满信心,这对儿童最初的忍耐力、克制力及毅力是个极好的锻炼机会。

同时,结构游戏为儿童提供了更多合作游戏的机会。经常可以看到几个儿童围在一起,共同讨论结构主题、材料的选择、搭建方法等问题,同时,儿童还通过协商等方法分工协作,各自负责一个部分的建构,最终完成大型主题结构物的搭建。因此,结构游戏的过程是儿童学会共同协商、分工合作的过程,这有利于培养儿童的集体观念和合作意识。

4. 结构游戏有利于提高儿童的审美能力

结构游戏是一种创造美的艺术过程,游戏的过程有助于儿童审美情趣的提高。结构物的成功搭建,必定是在外形、色彩、比例等方面,符合美观、协调、对称的审美要求。儿童通过搭建自己的"作品",将自己的审美情趣付诸实践,同时,又通过欣赏别人的"作品"而获得新的灵感和新的审美感受,在对不同"作品"的评价中提高审美能力。在审美能力提高的同时,又指导儿童表现更多更好的美的"作品",从而不断提高自己的审美能力。

5. 结构游戏有利于丰富儿童的生活经验

儿童创造的结构物都来源于儿童对现实生活中某一物体或人物的观察和感受。因此,儿童对现实世界的认识和对生活的已有经验是结构游戏的基础。同时,儿童在操作结构元件的过程中,也获得了许多关于结构材料的性质、用途等的知识,以及关于结构物的结构特征、比例(高矮、大小、长短、轻重等)、空间概念、简单的数理知识(对应、序列、整体、重心、平衡等)、守恒和可逆性等概念。这些相关概念的获得又可以丰富儿童对现实世界的认识。

第二节 结构游戏的基本技能

一、结构游戏的分类

结构游戏的种类多样,根据使用材料和结构的形式,大体可将结构游戏分为以下七大类。

1. 积木游戏

用各种积木或其他代用品作为游戏材料进行的结构游戏。积木的式样很多,有大、中、小型积木,有主题积木,有空心或实心型积木,有动物拼图积木等。大型普通积木多为空心木结构形体,还有的用泡沫材料制成。主题建筑积木分为两种:一种是积木的表面印有主题纹样,用以构成反应主题内容的建筑;一种是积木做成主题所需要的各种形状,用以构成主题建筑。拼图积木主要是以拼插进行连接构造的积木。积木建筑游戏是一种古老的结构游戏类型,在幼儿园开展较早,也较为普遍,同时,也是孩子们十分喜爱的一种结构游戏形式。许多幼儿园的结构游戏以积木游戏为主。

普通积木见图 6-1 所示,主题积木见图 6-2 所示。

图 6-1 普通积木

图 6-2 主题积木

2. 积竹游戏

积竹游戏指将竹子制成各种大小、长短的竹片、竹筒等，然后用它们进行构造物体的游戏。积竹可构造"坦克、火车、飞机"，还可建"桥梁、公园"，构造出的物体栩栩如生，富有情趣。积竹游戏的成品既可以当作玩具，又可以作为装饰品。对儿童而言，积竹游戏是一种很好的手工制作的游戏形式。同时，竹子玩具简约环保，在国际玩具市场上有广阔的市场，国外幼儿园较多使用竹子玩具。竹子取自自然，我国南方地区的幼儿园大多以竹子玩具取代成品的积木玩具或积塑玩具，既可降低成本，又可培养孩子的动手能力和创造能力。

积竹玩具见图6-3所示。

图6-3　积竹玩具

3. 积塑游戏

积塑游戏是指用塑料制作的各种形状的片、块、粒、棒等部件，通过接插、镶嵌组成各种物体或建筑物模型。按照结构性质，积塑游戏可分为主题积塑和素材积塑两类。主题积塑同主题积木相同，有一个明确的制作主题，将积塑片按照一定的组织架构拼接成某一个主题的结构物，可以是汽车、房屋或大桥等，主题繁多。素材类积塑是根据积塑的素材不同区分，有雪花片型积塑、凸点型积塑、块型积塑、齿形积塑和插图型积塑等几种。积塑轻便耐用，便于清洁。

主题积塑见图6-4所示，雪花片型积塑见图6-5所示。

图6-4　主题积塑　　　　　　　　图6-5　雪花片型积塑

4. 金属构造游戏

金属构造游戏是指以带孔眼的金属片为主要的建造材料，用螺丝结合（见图6-6），建造成各种车辆及建筑物模型的游戏。金属结构玩具大多是成套的定型产品，由于构造时需要使用螺丝和螺母，对小肌肉动作要求较高，且构造的精细程度同样也要求较高，因此，它是适合大班的孩子进行的游戏。

5. 穿珠、串线、编制结构游戏

穿珠、串线、编制结构游戏是指把线穿过各种珠子、细管、环状物、小孔等,把大小、形状、颜色不同的物体用连续穿或交替、间隔穿等方法组合成各种物品,可以是动物、卡通形象或各种饰品等(见图6-7)。

图6-6 金属构造

图6-7 穿珠游戏材料

6. 拼图游戏

拼图游戏是指用木板、纸板、塑料或其他材料制成不同形状的薄片,并按规定方法进行拼摆的一种游戏。按其拼制的图形可分为动物拼图、人物拼图、美术拼图、几何拼图等;按其使用的材料可分为图像组合拼图、拼板、拼棒、几何图形拼图、自然物拼图和美术拼图等。我国传统的七巧板就是一种几何图形拼图。

七巧板拼图见图6-8所示,拼棒游戏见图6-9所示。

图6-8 七巧板拼图

图6-9 拼棒游戏

7. 玩沙、玩水、玩雪的游戏

沙土是一种不定型的结构材料,幼儿可以随意操作,幼儿也可利用水玩划船,用雪堆雪人、打雪仗等游戏。玩沙、玩水、玩雪都是简便易行的结构游戏,在城市、农村都可以广泛开展。这类结构游戏可帮助儿童获得关于自然物的性质、形态和数量的认识,增进其关于自然界的了解及热爱。

二、结构游戏的基本技能

儿童结构游戏的操作技能大体可分为以下五种。

1. 接插、镶嵌

此类操作技能适用于凸点型积塑玩具。积塑玩具的胶粒一端有凸出的"点",另一端有凹进去的"孔",或者开有"槽"。"点"与"孔","槽"与"槽"之间大小、深浅一致,可相互接插、镶嵌,从而组合成一个结构物。按照"点"或"槽"的多少,一般可分为1点胶粒、2点胶粒、4点胶粒、6点胶粒和多点胶粒。胶粒间拼插、镶嵌的基本技能有连接和组合两种。

1)连接

连接是将胶粒的"点"插入胶粒的"孔"的形式,又可分为以下六种连接方法。

(1)整体连接。胶粒间每一个"点"与"孔"之间的对应连接。整体连接可形成牢固的面,如房子、梯子、桌椅等可用此种连接方法。

(2)间隔连接。不同颜色、不同结构的胶粒的"点"与"孔"间隔排列,彼此"点"与"孔"之间留有余地。间隔连接可以是有规律的,也可以是无规律的,如门窗、桥孔等。

(3)端点连接。两个胶粒端点的"点"与"孔"的连接,即将一个胶粒的"点"潜入另一个胶粒的"孔"的连接。端点连接稳定性不强,便于胶粒转动而组成不同的物体,如围墙、台阶等。

图6-10为端点连接图片。

(4)围合连接。胶粒进行封闭连接,形成各种形状。分为直接围合连接与增加胶粒的围合连接两种。直接围合连接是指用整体连接、端点连接技法连接好的胶粒围合成封闭形状的连接法,如花环。增加胶粒的围合是指用两个胶粒将弯曲的长胶粒固定围合成封闭形状的连接技法。有"点"朝外弯曲的围合,如齿轮;有"点"朝内弯曲的围合,如车轮。

图6-11为围合连接图片。

图6-10 端点连接图片

图6-11 围合连接图片

(5)填平。用胶粒插入另一胶粒的空缺处,使连接其的胶粒面成为平面的连接法。

图6-12为填平连接图片。

图6-12 填平连接图片

2)组合

一个物体通常有许多个事先已连接好的部分组成,将胶粒连接的各部分组成一个物体的技法即为组合。组合分为以下两种。

(1)直接组合。两个或两个以上部分构件的接插口进行直接接插而形成某一物体的形象。

(2)间接组合。两个物体无法直接通过接插组合在一起时,需要增加胶粒作为中介使两个部分接插在一起的组合技法。

2. 排列、堆积

积木类结构元件的组合常用排列、堆积的技法。

1）延长、铺平

这是积木之间横向连接的一种方式。每块积木的左右两边都可以放置另外一块积木使其得到延伸,连接时要求两块积木的连接面要对齐、放平。

图 6-13 为延长、铺平图片。

2）对称排列

物体或图形的左右或前后两边的积木大小、颜色、形状和排列方向都是一一对应的排列。对称是结构造型中十分重要的排列方式,对称给人平衡、稳定的感觉,其关键在于掌握中心线两边物体的空间方位。

图 6-14 为对称排列图片。

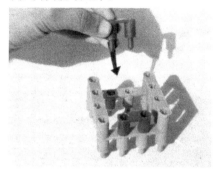
图 6-13 延长、铺平图片

图 6-14 对称排列图片

3）围合排列

用积木将空间封闭,可以是密集连接的围合,也可以是留有空隙的围合,可以用相同的积木进行围合,也可使用不同的积木进行围合。

4）加宽、加高

加高是将积木向上连接的技法;加宽加厚是将积木向左右、前后连接的技法。加宽、加高的重点是掌握搭建物的重心,加高时注意积木要上下左右对齐。

图 6-15 为加宽、加高图片。

图 6-15 加宽、加高图片

5）盖顶

盖顶是用积木将搭建物的顶端遮掩。盖顶使得物体在高度上有了范围,不会无限地加高。这种技法常常用来建造"门""房子"等。

6）搭台阶

搭台阶是逐层增加积木,成阶梯状搭建。搭台阶时用相同大小的积木,用延长与重叠的技法,既可以由里向外搭,又可以由下向上搭,但关键是要将底层第一块积木的位置确定准确。

图6-16为搭台阶图片。

7)砌墙

砌墙是积木在加高时各层进行有规律的交替排列。先在最下面一排延长铺平排列;在第二排加高排列时,第一块积木放在下层第一块与第二块积木之间,第二块积木放在下层第二块与第三块积木之间,依次交替排列。以后的所有层以此法类推。砌墙式结构使结构物给人一种平衡感。

图6-17为砌墙图片。

图6-16 搭台阶图片

图6-17 砌墙图片

3. 黏合

黏合主要用于使用黏合剂将结构元件连接,组合成用一般方法无法建构的各种结构物体。黏合技法在幼儿园中主要是用于在美工活动中自制玩具时使用。除了液体胶、固体胶外,橡皮泥也是一种黏合剂。

4. 穿、编

穿、编技法对锻炼儿童的手指及小肌肉能力非常有帮助。幼儿园常玩的穿编游戏有串珠、纸编、绳编、编织等。

穿珠游戏材料由线和有孔珠组成,线一般采用硬质的,如蜡线、尼龙绳等,过软的线不易操作。珠子的孔径一般比线径大。穿珠的品种有木珠、塑料珠、玻璃珠等。形状有几何形、动物造型等。

编织的材料一般可用绳、线、布条、塑料、柳枝等。编织方法有辫子编织法、穿插编织法、圆心编织法、打结编织法等。

5. 螺旋

螺旋技能一般在大班儿童中常见,这是由于螺旋结构游戏中使用的螺丝钉、螺丝帽操作复杂、对小肌肉的精细程度要求较高。同时,操作方式更接近于成人的日常劳动,需要孩子具备相应的生活经验后才能进行,常用于金属结构游戏中。

第三节 结构游戏的指导

结构游戏作为幼儿园中广泛开展的一种儿童游戏形式,对帮助儿童开发智力、培养创造力有重要的作用。

一、结构游戏指导的主要内容

幼儿园中结构游戏的指导一般有激发儿童参与结构游戏的兴趣、丰富并加深儿童对构造物的印象、提供必要的物质条件、帮助儿童掌握结构技能、引导和鼓励儿童开展创造性的建构活动等方面。

1. 激发儿童参与结构游戏的兴趣

儿童随着心理发展水平的提高,对物体的结构逐渐产生兴趣并关注。教师应该利用儿童这种心理发展趋势,采用多种方法激发儿童对结构物的关注,从而提高儿童参与结构游戏的兴趣。

1)通过展示结构作品引发儿童的兴趣

儿童日常生活经验越丰富,所见优秀的结构作品越丰富,越能够激发其建构和创作的灵感。因此,激发儿童参与结构游戏兴趣的一大有效的方法就是尽可能多地提供机会,使儿童接触到更多优秀的结构作品。教师可利用多媒体技术,让儿童观看世界各地优秀建筑物的图片,或让儿童观看如交通工具、家具、桥梁等的建筑图片,还可利用外出机会带儿童实地参观优秀的建筑物作品。让儿童充分感受结构之美,建构之美。此外,教师在向儿童展示优秀结构作品的同时还应适当讲解一些建构常识,让儿童通过了解基础的建构知识激发其动手尝试的欲望。

2)帮助儿童维持结构游戏的兴趣

儿童最初是受建构材料的吸引从而参与结构游戏,所搭建物体没有明确的目标,如果教师能够及时地对儿童的建构成果给予肯定,并有意识地给予积极的引导,那将极大地提升儿童建构结构物的兴趣。通常来讲,教师可以从以下几个方面帮助儿童维持结构游戏的兴趣。

(1)对儿童正在搭建的结构物,教师可以通过观察及时给予命名,并指出结构物与实物之间的差距,帮助儿童确定继续建构的方向,使儿童保持建构的兴趣。

(2)对儿童已完成的作品,教室中设置专门的作品陈列柜或陈列台,将儿童的优秀作品陈列其中,通过展示,鼓励儿童继续创作。

(3)对儿童的半成品,活动结束后,也可以暂时保留,以确保儿童在下次建构游戏时能够继续上一次没有完成的作品。

2. 丰富并加深儿童对构造物的印象

教师可通过引导幼儿观察的方法,丰富并加深儿童对构造物的印象。在日常生活中,教师要注意引导儿童全方位、多渠道地仔细观察各种不同的物体或建筑物的形状、色彩搭配、结构特征、组合关系和空间位置关系,只有多看、多观察才能够丰富儿童头脑中的物体外型。其中最重要的是丰富儿童对物体结构的正确认识。教师在指导儿童观察时,要有意识地引导儿童观察一类物体的共同结构特征及特殊的结构特征。例如:桥梁的搭建需要有桥墩的支撑,有拱形桥、也有平铺的桥;桥墩可以是长方体,也可以是圆柱体等。

在引导儿童观察物体特征的同时,教师还应着重培养儿童良好的观察习惯。随时随地地细心观察为创造性的建构活动打下坚实的基础,观察得越多,在头脑中捕捉建筑物或物体外形特征的能力就越强,同时,在头脑中积累的建筑物也越多,越便于有目的性地构造活动。一些不能够直接观察的物体或建筑物,教师可以借助图片、玩具、模型为儿童进行讲解。

3. 提供必要的物质条件

必需的物质条件是结构游戏顺利开展的物质基础。教师要在儿童进行结构游戏时为儿童尽力提供时间、场地、游戏材料等的保障。

建构游戏需要儿童在仔细观察、充分了解物体特性的基础上进行,同时,需要儿童不能只一味地模仿,而是要开动脑筋,发挥想象力与创造力进行创造性的游戏活动,因此,一次成功的结构游戏首先需要教师在时间上确保儿童能够尽情地投入,一般游戏不少于半小时,不超过一个小时。

结构游戏对活动场地也有一定的要求。由于结构材料外形、大小不同,如积木有小型积木、中型积木和大型积木之分,搭建的结构物所占面积也各不相同,因此,教师需要为儿童提供宽松的场地,同时,不固定桌椅,允许儿童根据需要和喜好,可以在桌子上,也可以在地板上进行建构活动。建构游戏的场地,地板上一般会铺上一层发泡积木或地毯等柔软材质的垫子,避免游戏时材料撞击地面发出大的声响,干扰游戏正常的进行。

结构材料是结构游戏展开的物质基础,教师针对儿童的建构能力,要为儿童提供丰富而适当的建构材料。

材料的投放首先要考虑儿童的年龄特点。小班的建构游戏:可提供一些体积大、重量轻、形状简单、色彩丰富的玩具材料。中班的建构游戏:可提供一些体积小、形状较之小班复杂的材料,同时,配以一些辅助材料,如废旧材料、玩偶、小动物等。大班儿童的结构游戏:无论是在外形、体积和材料类型上都要更趋向多样化。随着生活经验的丰富,儿童自行选择和搭建结构物主题的能力在不断增强,因此,需要丰富的材料供其选择。同时,还可投放一些废旧材料,供儿童充分发挥想象力,将废旧材料同结构材料配合使用,构建出具有创造性的"惊喜之作"。而教师也要有意识地引导儿童发挥想象力,合理地利用废旧材料构建结构物。

教师要帮助儿童形成游戏后主动收拾玩具材料的好习惯。教师可以提供一些分类的材料箱,指导儿童分类摆放操作材料。

4. 帮助儿童掌握结构技能

儿童合理而富有想象力的结构活动是建立在基础的结构知识和技能的基础之上的。教师在帮助儿童掌握结构知识和技能方面有以下几点需要注意。

(1)帮助儿童学会识别不同材质的结构材料,如木质的、金属的、塑料的,并让儿童懂得它们的作用、性能。

(2)帮助儿童掌握操作技能,如排列组合、围合、插接、编织、螺旋等,并让儿童学会灵活选用结构材料和辅助材料展现物体的基本特征。

(3)帮助儿童掌握设计构思的能力,能制定一定的建构目标,有目的、分步骤地实施建构活动,合理组织、搭建建构元件及考虑色彩搭配的问题。

(4)帮助儿童提高分工合作的能力,让儿童能在集体建构活动中,根据个人能力、喜好进行分工合作。

5. 引导和鼓励儿童开展创造性的建构活动

指导儿童开展结构游戏的目的在于使儿童在掌握一定的结构常识及技能的基础上进行创造性的建构活动。教师引导和鼓励儿童开展创造性的建构活动可以从以下几点进行。

1)及时发问

儿童在结构游戏过程中,教师通过细致观察,及时发问的形式,帮助儿童产生积极的联想,从而激发其创造性思维和活动。如儿童面对结构元件一筹莫展,找不到建构主题时,教师可以针对结构元件对儿童发问:玲玲去过游乐场吗?游乐场里你都见到了什么呀?当儿童回答道有旋转木马、有滑滑梯时,教师可以进一步提示儿童,选择一个感兴趣的游乐设施进行建构。

2)适时启发

当儿童在建构过程中遇到困难时,教师不是直接干涉并给予答案,而应从侧面通过启发帮助儿童自行思考解决的方法。如一个儿童在搭建大桥时不知该使用何种支撑物使桥面挺立起来。教师可首先正面表扬儿童:"你搭的这个大桥的桥面不仅颜色漂亮而且又长又直。这样的桥面用什么形状的积木可以让它立起来呢?用三角形的积木可以吗?用长方形的呢?把几条长方形的积木拼在一起试试看呢?"

3)即时评价

正面的积极的评价可以极大地提升儿童建构的信心,并激发其再次创造的兴趣。教师的评价不应只集中在作品的完成度及结构是否完整、漂亮上,而应对儿童创造性的构想给予及时的肯定。此外,结构物运用材料是否合理、色彩搭配是否协调、是否与别人的构想及设计不同、是否分工协作等。对于能力强的儿童可鼓励其尝试更多的设计及建构活动,运用更为复杂的结构技能,运用更多的建构材料混搭建构;对于能力较弱的儿童一旦有创造性行为要更加及时地肯定,并通过启发鼓励其进一步探索。

二、各年龄班儿童结构游戏的特点及指导

1. 小班儿童结构游戏的特点及指导

1) 小班儿童结构游戏的教学目标

学会认识结构材料,能叫出其名称,并能认识结构材料的大小、形状、颜色等,学习铺平、延长、围合、盖顶、加宽、加高等结构技能,识别上下、中间、旁边等方向,会用材料建造简单的物体,能将物体的主要特征表现出来。

2) 小班儿童结构游戏的特点

小班儿童结构游戏常处于随意状态,没有明确的建构目标。更多的是关注建构行为的动作,常进行加高的建构动作,随后又将结构物推倒,反复尝试推倒、加高的动作。在成人的指导下,小班儿童能够根据简单的主题搭建结构物,但主题不够稳定,还不能够进行团体协作的建构游戏。

3) 小班儿童结构游戏的指导要点

(1) 教师可采用游戏的口吻,用"情境描述法"激发儿童建构兴趣。如"森林里发生了地震,小动物们都没有地方住了,我们来帮他们建新家吧。"

(2) 提供合适场地及足够数量的结构玩具。小班结构玩具要求色彩鲜艳、体积大、重量轻,但材料质地简单。玩具数量要求人手一份,由于孩子们还不能够进行团体协作的结构游戏,因此,要求他们自己玩自己的,互不干扰。

(3) 教会儿童认识各种结构元件,学习建构的基本技能。除此之外,教师还应鼓励儿童为自己的结构物命名,帮助其明确建构目的。

(4) 帮助儿童建立简单的游戏规则。如互不干扰、爱护操作材料、游戏后自己收拾玩具、分类整理玩具等。

链接案例:

针对小班幼儿的特点,我给每块积木起了名字,如长方形宝宝,电话形宝宝等,幼儿很快便记住了积木的名称,并都非常喜欢与积木做朋友。在培养他们轻拿轻放、不乱扔积木的习惯时,我说:"小朋友,当心点,别弄疼了积木宝宝,积木宝宝要睡觉了。"渐渐地,小朋友都养成了轻拿轻放的习惯。在讲评中指出幼儿的错误时,我也用游戏的口吻:"小鸡,你喜欢这幢房子吗?为什么皱眉头呀?哦,原来是房子没搭平啊!快请小朋友帮帮忙吧。"于是,幼儿就知道积木房子要搭平。

2. 中班儿童结构游戏的特点与指导

1) 中班儿童结构游戏的教学目标

能够认识高低、宽窄、厚薄、轻重、长短、前后等空间方位,会选择利用结构材料,能较正确地建构物体,会看平面图,能和同伴合作共建一组主题建筑,会评价结构游戏的结果。

2) 中班儿童结构游戏的特点

游戏的目的较小班明确,并且能够初步了解结构游戏的计划,热心操作过程的同时也关注操作结果,已能按照一定的主题进行团体协作的结构游戏,并能够在游戏结束后独立整理玩具。

3) 中班儿童结构游戏的指导要点

(1) 丰富儿童对建筑物及物体的认识,了解更多的建筑物外形及结构特征。

(2) 指导儿童设计建构方案,选择合适的结构材料,使用合适的建构技能。

(3) 引导儿童看平面图,根据平面图建构结构物。

(4)鼓励儿童团体合作,通过分工协作完成搭建主题。在合作中运用讨论、协商等方法。

(5)结构物搭建成功后,引导儿童评议搭建成果,鼓励他们大胆发表各自的看法,评价不局限于建构物完成的好坏,重点在于建构过程中团体协作的程度、建构时遇到的困难及解决方法、建构中的创造性想法和技能使用等。

链接案例:

一次,文晨和豆豆小朋友在建筑区域里,一边欣赏自己搭建的物体一边议论:"我搭的是长富宫。""我搭的是网球中心。""我搭的大门又高又大。""我搭的广场特别宽。"……两人你一言我一语地夸着自己的成果。忽然"哗啦"一声,豆豆搭的网球中心被文晨推到了,豆豆大哭起来。随即反击开始了,搭好的建筑瞬间变成了一片废墟。我就组织幼儿观看自编的小品《怎么办》,让幼儿表演几种搭积木时发生的情况。幼儿经过讨论找出了解决的方法,在老师的随机引导下,再遇到类似的问题,就知道该怎么处理了。

3.大班儿童结构游戏的特点与指导

1)大班结构游戏的教学目标

学会区别左右。在建造技能上,应要求他们建造的物体比中、小班儿童更加精细、整齐、匀称,物体的结构更加复杂和富有创造性,会使用辅助材料装饰建造物,能集体合作建造物体,并对结构物进行分析评价。

2)大班儿童结构游戏的特点

大班儿童游戏目标明确,有了更为完整的建构计划,能够持续完成某一主题的系列建构活动,结构物的完成度更高,作品更富有创意,团体协作程度较之中班更高。

3)大班儿童结构游戏的指导要点

(1)进一步丰富儿童的建构知识与技能,同时,丰富其生活经验和对建构物的认识。

(2)指导儿童通过集体讨论决定建构主题,制订建构方案,分工协作。

(3)鼓励儿童创造性地建构行为和尝试。

(4)提高儿童分析作品的能力,通过对比、讨论等方法对作品进行分析。

(5)以部分儿童小型活动为基础,引导儿童开展参加人数多、持续时间长的大型建构活动。

链接案例:

外出散步时,我引导幼儿仔细观察了儿童乐园、长廊、小西湖、喷水池等。回园后,我先组织幼儿谈话,让幼儿先说说自己最喜欢的东西在什么位置,是什么形状,是什么颜色,是由几个部分组成的……巩固了幼儿对公园的印象。在此基础上进行公园主题的建构游戏,内容很丰富:有用雪花片插的长廊、碎石堆的假山;有用积木围成的小西湖,湖中漂着雪花片插的游船、智力拼版拼成的荷花、荷叶;儿童乐园中,转盘、秋千等设施一应俱全;还点缀有小草、小花以及游园的小人等。整个建筑物构造精巧细腻,摆放合理有序,造型栩栩如生。

第四节 结构游戏范例

范例一:

中班结构游戏:飞机

游戏目的:

(1)了解飞机的基本形状特征,丰富幼儿对飞机种类、款式的知识。

(2)能围绕主题进行拼接,自由选择游戏材料,并尽可能地与同伴进行分工合作。
(3)激发幼儿大胆地发挥想象力和创造力,以及培养幼儿的动手操作能力。
(4)引导幼儿欣赏和评价自己和别人的作品,与同伴共同分享成功的喜悦。
游戏准备:
(1)知识经验:课前让幼儿欣赏一些飞机图片,了解一些有关飞机的知识经验,引导他们关注飞机。
(2)物质准备:飞机图片若干;玩具飞机若干;花片积塑材料等。
游戏过程:
1.引入部分
以谜语引入,引起幼儿兴趣。
①教师:小朋友们,今天老师要给大家猜个谜语,大家想不想猜呀?现在认真地听老师念哦。"大鸟大鸟天上飞,许多人儿装肚里,长长翅膀飞得快,人人平安把家还。"
②教师:小朋友们真聪明,谜底就是飞机,谁能举手告诉老师,飞机是什么样子的?它有什么作用?(幼儿讨论,举手回答)
③教师:你们把自己喜爱的飞机玩具带来了吗?现在你们轻轻地去把它拿出来,然后回到座位上,认真地看看飞机是啥样子的,等一下老师要请小朋友来告诉老师。(幼儿交流,教师提问)
④教师:老师这里啊还有很多种飞机的图片,大家来看一看。
2.讲解示范
①教师:今天老师要让小朋友拼飞机,哪个小朋友可以告诉老师飞机身上有哪些部分?(机头、机身、机翼、尾翼)。
②教师:老师这里有分解好的飞机零件,老师请一个小朋友上来把它们拼成一架飞机,其他小朋友要认真地看他是怎么拼的。拼得对不对呢?老师然后要讲解一遍的。
③教师:老师为大家准备了很多种材料,你们想用什么样的材料来拼飞机呢?
④教师:老师这里有一个拼好的飞机,小朋友们可以看一看。看,这就是直升机。
3.提出要求
教师:等一会儿小朋友就可以选择自己喜欢的材料,拼接飞机,但现在老师要给小朋友提出几点要求。
①在拼构时,不要争抢材料,大家要想想怎么安排,学会谦让。
②如果有的小朋友想一起合作,那么,就要互相商量一下应该怎么做,如何分工。
③拼出的飞机要牢固、结实。
④看谁拼的飞机和别人的不同,更让老师喜欢。
4.幼儿建构教师指导
教师可以对一些能力较差的幼儿进行帮助,在旁观察,需要帮助时才给予指导。
重点指导:有些幼儿的飞机无法站立,教师引导他们想一想应该怎样拼接才能让飞机站立不倒。对一些能力强的幼儿,启发他们拼接难度较高的战斗机、直升机等。
5.结束部分
①欣赏幼儿拼接的作品。
教师:老师想请小朋友上来说一说自己拼接的飞机是什么类型的飞机,是战斗机、客机还是直升机?或者是其他种类的飞机?
②教师:老师看小朋友拼的飞机都很漂亮,接下来,向你的好朋友介绍一下你设计的是什么飞机。

范例二:

七巧板的制作与游戏指导

1.七巧板的分割方法
七巧板的原形是正方形。作图的辅助线是由连接各边的等分点形成的。整体是由两块大小相等的大三角形、两块大小相同的小三角形、一块中等三角形、一块正方形和一块平行四边形构成的。

七巧板见图6-18所示。

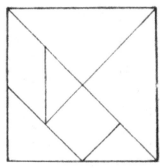

图6-18 七巧板

2.七巧板的玩法和规则

(1)根据现成的拼图模板照样拼摆,难度最低,适合小班儿童。

(2)只给出拼图的大致轮廓,需要儿童动脑筋摆弄尝试,才能拼出正确的图形,难度较高,适合大班儿童。

(3)根据儿童自己的想象拼摆图形,创造性要求较高,适合大班儿童。

3.七巧板的拼图技巧

(1)先确定两个大三角形的位置。

(2)熟悉梯形的几种组合。

4.七巧板拼图展示

图6-19为七巧板拼图,图6-20为七巧板拼图(运动)。

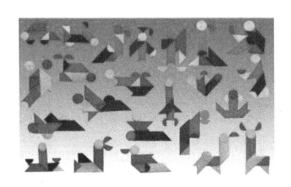

图6-19 七巧板拼图

图6-20 七巧板拼图(运动)

思考与练习

1.什么是结构游戏?其特点是什么?

2.结构游戏对学前儿童的教育作用主要有哪些方面?

3.各年龄班学前儿童应掌握的结构知识和技能是什么?

4.在结构游戏的指导中教师怎么样培养学前儿童的创造性?

5.中班学前儿童结构游戏的特点是什么?

6.如何针对大班儿童结构游戏的特点进行指导?

第七章

体育游戏

学习目标

知识目标：
- 理解体育游戏的定义、特点和教育作用；
- 了解体育游戏的结构和分类方法；
- 掌握体育游戏的组织和指导要点；
- 掌握创编体育游戏的步骤、方法和要点；
- 掌握构思体育游戏情节、设计竞赛活动的方法。

能力目标：
- 能根据幼儿的特点和发展动作的要求创编体育游戏；
- 能针对幼儿和体育游戏的特点设计教学活动。

情境导入：

一次，我看到洋洋手里拿着圈站在一边看着小朋友们玩。这时，我也拿了一个圈走到他的身边说："我们来做个游戏吧，一起来动脑筋，看谁能想出多种玩圈的方法。"于是，我先想出了套圈的玩法，他想出了滚圈的玩法，我俩你来我往地想出了许多玩法。这吸引了其他小朋友，他们主动参与到我们的游戏中来，想出了扮演小乌龟等的玩法，真让我喜出望外。我觉得这次的介入与指导方式比较成功，达到了调动幼儿的运动兴趣，让幼儿在运动中有所收获的指导目的，同时也吸引了其他幼儿，无意中调动了他们积极的集体思维。

体育游戏，也称为运动性游戏或活动性游戏。它是一种综合性的体育活动，由一定的动作、情节、角色和规则等组成，以发展儿童的基本动作如走、跑、跳跃、平衡、攀爬等为主要内容的身体活动，可以在室内或室外进行。体育游戏深受儿童喜爱，是培养儿童对体育活动的兴趣，以及引导、激发、调动儿童参加体育锻炼的重要手段，也是幼儿园实现健康教育的主要方式之一。

第一节 体育游戏的特点

一、体育游戏的结构

体育游戏的组成包括游戏动作、游戏情节、活动方式、游戏规则和游戏准备等。

1. 游戏动作

游戏动作是身体练习的主要手段，也是决定游戏性质和功能的重要部分。一般分类如下：发展基础运动能力的动作，包括走、跑、跳等基本动作和发展身体素质的动作；简单的运动技术，如球类、体操类运动项目的基本动作;体育游戏本身特有的动作,如踢毽子、丢沙包等游戏中的动作;模拟动物和简单的律动动作;生活动作,如洗澡、穿衣等动作。

2. 游戏情节

游戏情节是构成游戏趣味性的重要元素,一般从调动游戏者的积极性出发或者带有一定的教育性目的。

3. 活动方式

活动方式是实现游戏教育任务的途径,包括组织活动和练习方法。体育游戏的组织活动涵盖游戏的队形、分队和分配角色、启动以及结束活动。

4. 游戏规则

游戏规则贯穿游戏的全过程,是游戏得以顺利进行的保障,也是评定游戏胜负的依据。

5. 游戏准备

体育游戏的开展还离不开充分的准备。一般而言,游戏的准备包括经验准备和物质条件准备,例如,适宜的游戏场地、充足的游戏器材玩具等。

二、体育游戏的特点

1. 体育游戏是一种趣味性的体育活动

体育游戏深受儿童喜爱,在游戏中儿童不仅能锻炼身体,还能获得正面的情感体验,它是一种趣味性较强的体育活动。体育游戏的趣味性,集中体现在活动的情节性和竞赛性两个方面。大多数体育游戏都设置了一定的情节和不同的角色。例如,需要"小战士们"(儿童)经历重重障碍(钻爬等)完成"抢救小动物"的任务,"兔妈妈"(教师)带领"兔宝宝"(儿童)摘采"胡萝卜"等。这十分符合儿童好模仿的特点,因此,这类游戏深受儿童的欢迎。除此之外,竞赛也是体育游戏常见的游戏形式。儿童有争强好胜的心理,在竞赛游戏中即使没有情节和角色,只需要在竞赛中完成某种运动任务,也能充分调动他们的兴趣和积极性。

2. 体育游戏是以发展儿童基本动作为主的活动

体育游戏巧妙地将发展儿童基本动作技能的目标,在趣味性浓厚的活动中实现。儿童在愉快的体育游戏中,自然而然地完成了走、跑、跳跃、钻爬、平衡、投掷等基本动作。因此,体育游戏本身也是一种行之有效的基本动作教育手段,是实现幼儿园健康教育的重要方式。

第二节 体育游戏的教育作用

一、有利于锻炼儿童的机体

儿童在体育游戏中奔跑、跳跃、投掷等能大大加强心脏、血液循环、呼吸系统的运动,提高中枢神经系统的敏感性,并能加强身体各部分大小肌肉的活动,使各器官系统的生理机能都得到大量的锻炼,可以促进身体的新陈代谢,最终达到增强儿童体质的效果。儿童在户外体育游戏中,能充分接触阳光和新鲜空气,提高对外界环境的适应能力,还能增强身体的抵抗力。在反复练习各种基本动作的过程中,儿童的动作逐步敏捷,从而提高基本生活能力。

二、有利于培养儿童的意志品质

要想顺利地开展体育游戏,就必须明确游戏的规则。而贯穿游戏始末的规则本身就具有一定的品德教育因素:儿童必须学会控制自己的行为,确保自我遵守规则,同时,督促他人不违反游戏规则。

一般而言,体育游戏都有一定的任务,要求儿童勇敢、机智并团结他人克服种种"困难"才能争取胜利。在这一过程中,儿童学会了关心集体、团结合作、互帮互助,培养了自己坚持不懈、顽强正义的品质。

三、有利于儿童的智力发展

进行体育游戏时,儿童的血液循环加快,从而改善脑部的营养供应,促进脑的发育,为儿童智力发展提供更好的物质基础;在游戏中,儿童通过练习测定人和物的距离,发展目测和空间定位能力等,也能发展儿童的思维能力、创造能力和竞争能力,加强大脑的分析综合能力。

四、有利于培养儿童的美感

多数体育游戏都依赖于儿童已经获得的动作技能,体现儿童在动作上达到的准确性和灵活性、协调一致性,不管是内容还是形式,都是一种表现美的活动。体育游戏容易调动儿童参与的积极性,为活动增加感情色彩,也能赋予儿童良好的情绪体验。

体育游戏里,儿童的队列、动作和饱满的情绪增加了活动的魅力。通过游戏的规则、角色、情节和儿童之间的相互关系还能培养儿童的心灵美。

第三节 体育游戏的指导

在幼儿园里,体育游戏的组织形式既包括由教师组织的集体游戏,又包括儿童独立进行的小组游戏、个人游戏等。不管是何种形式的体育游戏,都应遵循科学合理的组织指导原则,这样才能更好地促进儿童的身体素质的发展提高。

一、幼儿园体育游戏的组织与指导原则

1. 活动主体性原则

体育游戏活动通过身体的运动实践使得儿童身心全面协调发展,最终形成良好的个性品质。因此,体育游戏必须以儿童为活动的主体,充分发挥儿童的主体性作用,如以儿童的兴趣爱好和发展需要为出发点,密切观察儿童的活动兴趣,引导儿童参与体育游戏的设计,共同准备体育游戏的活动场地和器械等。

儿童好动、热衷游戏的天性是诱导儿童积极参与体育游戏的重要动因。但教师也需要精心设计、组织体育游戏,既要设置游戏情境激发儿童的活动兴趣,又要鼓励儿童大胆创新、尝试,从亲身体验中逐步认识自己。这样,才能逐步把儿童的自我好动转变为主动的活动,更有利于发挥儿童的运动潜力。

同时,在体育游戏中,教师也应注重"放手"的艺术,引导儿童自主地思考探索。除了必要的示范之外,教师尽可能地把机会留给儿童,让儿童开动脑筋创新玩法。

2. 环境创设原则

创设安全丰富的物质环境，营造轻松自然的心理环境，是激发儿童积极探索运动世界的一剂良药。

创设良好的物质环境。幼儿园应提供符合儿童多种运动需要和体育项目需要的适宜游戏场地。既需要有全园公用的场地，又不能缺少本班儿童分组或集体活动的场地。幼儿园还要为儿童提供丰富安全的体育游戏设备和器材。例如：开辟大型玩具区（淘气堡、滑滑梯、攀岩架等），吸引儿童发展大肌肉运动等；设置沙坑、水池、泥地等，让儿童天马行空地进行游戏创作；在走廊和操场上放置体育用具，让儿童随时进行投、跳、爬等活动等。

提供足够的活动时间和机会。儿童活动是低强度的，不提高活动密度就很难达到锻炼效果。因此，幼儿园教师需要保证儿童每天都能进行足量足时的身体运动。

营造轻松自然的心理环境。"心理的安全"和"心理的自由"是促进儿童创造的两个重要条件。创建和谐健康、轻松自然的人际关系，如教师与教师之间、儿童与教师之间、儿童与儿童之间的良好关系，能消除儿童的心理压力，在轻松愉快的情绪中进行体育游戏。

3. 运动负荷适宜性原则

儿童体质的提高必须经过一定量的体育锻炼才能实现，因此，教师要保证儿童体育活动的强度与密度。

全体儿童要能在游戏中达到预定强度，又不能因运动负荷过大而损害健康，这就有赖于教师的指导与控制。教师以游戏伙伴的身份参与儿童的游戏，是最佳的策略，既能在游戏中细致观察每一位儿童的表情、情绪变化和呼吸状态，又能亲身体验游戏的活动量，从而及时灵活地调节活动强度和时间，使得儿童生理负荷和心理负荷高低结合。教师尽量减少儿童的等待时间，控制每位儿童使之处于快慢交替的活动节奏中，运用同时练习法或多组并进练习、交替练习法也能增加每位儿童的练习次数和活动密度。

4. 活动安全性原则

儿童的身心发展特点决定了教师必须时刻注意保护儿童的安全，并随时进行必要的安全指导教育。安全第一是开展体育游戏的首要要求。

为确保儿童安全，教师必须对所有游戏道具、装备的使用和维护都考虑周全，确定在任何情况下都安全可靠。例如，整个游戏环境没有任何尖锐的棱角和坚硬的器具，地面应覆盖草坪或木地板、地毯，游戏材料的高度、坡度适宜，游戏的固体或液体材料都无毒、无腐蚀性等。

5. 多种组织形式相结合原则

体育游戏中，儿童的交往空间相对广泛，与教师、同伴的接触相对频繁。儿童在体育游戏中学习互帮互助、团结友爱，不仅能促进身体的健康发展，还能创造各种近距离的交往机会，提高社会交往的技能。因此，教师可以通过集体、小组或个人多种组织形式，交替结合组织体育游戏。

二、体育游戏的指导要点

体育游戏的组织形式既包括由教师组织的集体游戏，又包括儿童独立进行的小组游戏、个人游戏等。本小节内容将体育游戏分成两类，教师组织的教学性体育游戏和儿童自主独立进行的体育游戏，并以此为维度，分别阐述这两类游戏的指导重点。

1. 教师组织的教学性体育游戏的指导要点

教师专门组织的教学性体育游戏，具有空间大、活动强、无关刺激多的特点。因此，教师对该类体育游戏的引导、组织尤为重要。

教学性体育游戏的开始部分，教师应着重指导儿童进行心理和生理的准备。首先，教师运用生动活泼的语言、饱满亢奋的情绪、仿真的游戏情境、深受儿童欢迎的角色分配等手段，有效激发儿童参与体育游戏的兴趣,做好心理适应性准备。比如,在《麻雀战士》游戏中,教师扮演"麻雀队长",儿童是"麻雀战士",为了成功解救困在山谷里的小动物,"麻雀战士"要跨过小沟、走过独木桥、钻过山洞并跳下陡坡,冲破重重障碍完成战士的使命。其次,教师带领儿童伴随欢快的音乐做律动操、模仿操或小游戏等,在热身运动中提高儿童的机体活动力,使儿童身心较快进入积极的活动状态。比如,在游戏开始时,教师带领幼儿用动作模仿生活情节,如"刷牙""洗脸""洗澡"等。该部分一般占总时间的10%~20%。

教学性体育游戏的主体部分,教师常组织儿童学习新的或较难的活动内容,巩固和提高学过的各类练习、游戏等,从而发展儿童的身体素质与运动能力,培养其良好的心理素质。一次活动,一般安排1~2项活动内容,并以发展基本动作和技能的体育游戏居多。期间需要注意新旧内容的搭配,做到松弛有度、急缓结合。在整个体育活动中,一般该部分占总时间的70%~80%。体育活动的有效与否,关键在于教师的指导。体育游戏的主体部分,教师应注意把握适当的活动量,提醒儿童遵守游戏规则并注意儿童的身体姿势及动作的准确性,除此之外,还应该时刻关注儿童的人身安全。

教学性体育游戏的结束部分,教师应通过轻松简单的律动操或体操、活动量较小的体育游戏、模仿性动作或徒手放松肢体、收拾和整理器材等方式降低儿童的大脑兴奋度,使儿童由紧张的状态逐步恢复到相对舒张的状态,放松肢体。该部分一般占总时间的10%~20%。

2. 儿童自主体育游戏的指导要点

除教师直接组织的体育游戏之外,还经常出现儿童自发、自主、独立开展的体育游戏。但在儿童"独立"游戏时,教师的介入指导也非常重要。具体指导要点如下。

1)创设安全丰富的物质环境

幼儿园里,应开设宽阔、开放的游戏场地,提供丰富的游戏器械,如滑滑梯、跷跷板、摇马等大型玩具和羊角球、月亮板等中小型趣味玩具。儿童与教师共同制作的简单安全的手头玩具,如纸棒、面具、沙包等,也是吸引儿童的一大法宝。日常维护和检查游戏器械的安全性,也是创设良好的游戏环境必不可少的环节,应纳入教师的日常工作中,以确保儿童的游戏安全。

2)帮助儿童建立游戏规则意识

儿童是体育游戏的主体,为保证游戏的顺利开展,即使是儿童自主独立发起的体育游戏也离不开规则的约束。教师不需要对儿童独立游戏采取过多的干预措施,但一定要帮助儿童建立规则意识,从而让儿童能自觉遵守规则进行游戏。

3)指导儿童建立良好的活动常规

良好的活动常规有利于游戏的顺利开展,便于教师对儿童的了解和儿童活动的观察,也能提高儿童游戏质量。例如,在游戏中,教师需要帮助儿童建立摆放玩具的常规、轮换区域活动的常规、"大让小、大带小"的常规,等等。

4)观察儿童游戏并适时介入

儿童游戏时,教师可通过密切观察了解儿童的运动能力和相关问题。教师在发现儿童四处张望、不知道参与游戏、不专注或频繁更换游戏、在游戏中遇到无法解决的问题时,可以适时介入指导帮助儿童。

第四节 体育游戏范例

在教学性体育游戏中,既有单一的体育游戏,又有包含完整结构的体育教学活动。本章节将提供单一体育游戏及体育教学活动范例。

范例一：单项体育游戏

吹泡泡（小班·体育游戏）

游戏目标：
(1)学习听信号做出相应的动作。
(2)初步掌握游戏规则，喜欢参加体育游戏。

游戏准备：
(1)儿童会手拉手成一个圆圈。
(2)场地：宽敞、平坦的操场。

游戏玩法：
(1)教师带领儿童手拉手成一个圆圈。
(2)教师带领儿童一边念儿歌，一边进行游戏：吹泡泡、吹泡泡，吹成一个大泡泡；吹泡泡、吹泡泡，吹成一个小泡泡；泡泡飞高了，泡泡飞低了，啪！泡泡爆炸了！
(3)游戏的具体玩法：当儿歌念到"吹成一个大泡泡"时，教师与儿童手拉手成一个大圆圈；念到"吹成小泡泡"时，大家手拉手向中间靠拢成一个小圆圈；念到"泡泡飞高了"时，全部参与人员踮起脚；念到"泡泡飞低了"时，集体立即蹲下；念到"泡泡爆炸了"时，所有人员都立即松开双手。

游戏规则：
(1)注意手拉手成一个圆圈。
(2)必须根据儿歌的内容做相应的动作。

范例二：单项体育游戏

一个跟着一个走（小班·体育游戏）

游戏目标：
(1)学习一个跟着一个走。
(2)愿意参与体育活动。

游戏准备：
场地：宽敞、平坦的操场。

游戏玩法：
儿童不分高矮，一个跟着一个在教师的带领下慢步走，教师边走边说："小朋友，小朋友，一个跟着一个走。"说完后，教师带领全体儿童问道："走到哪里了？"教师回答："走到动物园，看到鸭子摇摆走！"并带领儿童模仿小鸭子走路的动作。接着教师带领全体儿童说："小朋友，小朋友，一个跟着一个走。走到哪里了？"教师回答："走到小河边，看到小鱼水中游。"并带领儿童模仿小鱼游的动作。游戏可反复进行。

游戏规则：
(1)必须要求儿童一个跟着一个走。
(2)模仿的动作应简单直观。

范例三：体育活动

可爱的小兔（小班·体育活动）

活动目标：
1.能双脚同时向前连续行进跳。
2.积极体验和同伴一同游戏的快乐。

活动准备：

(1)在场地一端布置好萝卜地，划出一块场地做小兔的家。

(2)不同颜色的萝卜道具若干，数量是人数的2~3倍。每人1个筐，筐的颜色对应萝卜颜色，散放在场地的另一端。

活动过程：

一、开始部分

创设情境，师幼同做热身操。

教师当兔妈妈，儿童当小兔子。"小兔"模仿"兔妈妈"做"穿衣服""洗脸""刷牙"等日常生活动作。

二、基本部分

(1)游戏"小兔找食物"，引导儿童练习双脚向前行进跳。

①教师示范讲解，交代要求。

教师两手放置头上扮作"兔耳朵"，一边模仿小兔子跳：秋天到了，跟着兔妈妈找食物准备过冬吧！我们到××地方找找看，宝宝们学着兔妈妈的样子欢快地跟着来。

②儿童与教师共同练习双脚向前行进跳。

跳的时间、距离的长短根据儿童的运动情况加以调整，尽量鼓励儿童坚持跳到指定的地方。游戏进行3~4次。

③表扬能双脚同时向前连续行进跳的儿童，请其示范，集体练习。

(2)游戏"拔萝卜"。

①在场地一端摆放萝卜，请"小兔"跳过去查看萝卜的生长情况。提醒儿童要双脚同时离地跳过去看一看。

②请儿童讲述自己的发现：萝卜是否长大了？有哪些萝卜？

③请一位儿童示范：每只兔子选一个筐子放在"家"中。记住自己筐的颜色，双脚连续向前跳到对面萝卜地里，拔一个和筐的颜色相同的萝卜，跳回"家"放在自己的筐中。

④儿童集体游戏，教师巡回指导，发现共性问题，集中再提要求。

(2)教师小结游戏情况，引导儿童体验集体游戏的快乐。

①儿童数自己的萝卜，说出总数。

教师：小兔子真能干，跳了很远，帮妈妈拔萝卜，我们数数自己拔了几个萝卜。

②引导儿童将萝卜集中放在一个大筐中，体验集体劳动的成就感。

教师：我们大家一起努力拔了这么多萝卜，真是大丰收呀！冬天我们有吃的了，可以快快乐乐地过冬天了。

三、结束部分

(1)儿童跟着教师做放松动作。重点是腿部的放松(敲腿、甩腿、坐在地上跷腿等)。

(2)引导儿童协助教师收拾小型器材。

思考与练习

1. 什么是体育游戏？其特点是什么？
2. 体育游戏对学前儿童的教育作用主要有哪些？
3. 如何指导学前儿童开展自主体育游戏？
4. 学前儿童教学性体育游戏的组织与指导有哪些任务？
5. 设计一份大班体育游戏教案。

第八章

智力游戏

学习目标

知识目标:
- 理解智力的相关理论;
- 了解学前儿童智力游戏的特点;
- 理解学前儿童智力游戏指导的基本任务;
- 掌握各类智力游戏的主要教育内容;
- 掌握各类智力游戏设计的主要设计思路。

能力目标:
- 能根据学前儿童的特点设计智力游戏;
- 能设计简单的迷宫游戏。

情境导入:

妍妍对数字有特别的偏好,喜欢智力游戏。虽然她才读中班,但已经能够流利地数到100了。瞧,她又开始数数了。她将爸爸、妈妈给她制作的卡片(50以内的数字),又在地上排列起来。老师发现,妍妍仅仅是无意排列,就启发她:"你将10个数字摆成一排,一排一排地摆,看看有什么发现呢?"妍妍低头尝试着,不一会儿,她就兴奋地告诉老师,每一排上的数字后面一位都是一样的,摆出来的图形是长方形……

【案例来源】梁周全,尚玉芳.幼儿游戏与指导【M】.北京:北京师范大学出版社2011.

第一节 智力游戏概述

一、什么是智力游戏

智力游戏是一种规则游戏,是人们根据一定的智育任务设计出来的,旨在发展儿童智力的游戏形式。智力游戏形式生动有趣,能够使儿童在愉快的活动中获得知识的增长,同时,游戏中结合一定的学习因素,可提高儿童的学习兴趣,是幼儿园中进行智育的有效手段。

二、智力游戏的结构

智力游戏由游戏的目的、构思、规则和结果四个部分组成。

1. 游戏的目的

游戏的目的是根据一定的智力任务提出来的,包含增长知识和发展智力能力的具体任务,如辨别声音特征的听力训练、辨别图形的找图形游戏等。

2. 游戏的构思

游戏的构思即游戏的玩法,它是根据游戏的目的和特点设计的,是对儿童在游戏中的动作和活动的要求。智力游戏的构思一般对儿童动作与智力活动提出要求。如"找图形游戏"要求儿童通过细致的观察掌握图形的典型特征,找对隐藏在多种图形中的指定图形。其动作要求包含了看看、找找、想想等。

3. 游戏的规则

游戏的规则是关于游戏动作顺序以及在游戏中被允许的或被禁止的活动的明确规定,通过规则可以有效的指导、调整儿童游戏行为,从而保证游戏的趣味性,以及游戏目的的实现。

4. 游戏的结果

游戏的结果是儿童通过努力,最终游戏目的的实现程度。积极的游戏结果可使儿童获得满足与愉快,并能激发他们继续游戏的兴趣。

上述四个组成部分是智力游戏所共有的,它们不能孤立存在,而是互相联系、综合地体现在每一个智力游戏之中。

游戏案例

游戏名称:
小班智力游戏《猜猜小鸟在哪里》。

游戏目的:
分辨几种鸟的叫声及声音方位。

游戏构思:
让儿童闭上眼睛或蒙上眼睛,大人在其附近学鸟叫,让孩子用手指出"鸟"在哪里。

游戏规则:
"鸟"可以连续叫,也可以只叫一声。儿童还可以用手摸"鸟"。

游戏结果:
指出正确方向的儿童可带着小鸟的头饰回到座位上。

三、智力游戏的特点

1. 游戏中有明确的智育任务

幼儿园的智力游戏,其目的是完成某项智育任务。根据智力因素,智力游戏有多种目的,有发展儿童语言能力的,有训练儿童逻辑数理能力的,有发展儿童空间感知能力的,有训练儿童身体运动智能的,有培养儿童记忆力、想象力和思维能力的,不论是何种游戏,首先都要有明确的智育目的,担负着一定的智育任务。这是智力游戏作为教育手段的重要任务。

2. 游戏中需要运用多种综合能力

由于智力游戏旨在发展儿童智能,对儿童能力提出了更高的要求,单个智力游戏不再局限于儿童使用一种能力完成,而更多的是需要儿童运用观察、比较、分析等多种综合能力完成,这也恰恰印证了人类思维发展的特点,解决问题的能力是综合能力的体现。智力游戏作为一种规则游戏,需要儿童具备一定的身心发展水平方能开展。

3. 智力游戏是智力因素与动作技能的趣味化结合

智力游戏需要手眼的高度配合,同时,根据儿童的年龄特点,通常将一些复杂的智力活动和动作技能用游戏的形式,通过趣味化、娱乐化的方式设计出来,让儿童"寓教于乐"。不同年龄段儿童的智力游戏其复杂程度各不相同。小班儿童的智力游戏比较简单,游戏玩法明显具体,规则简单,因此,游戏任务易于完成。中班儿童的游戏任务比小班的要求高,游戏玩法趋向多样化,规则更多带有控制性,游戏中还适度增加了语言的智力游戏和竞赛的因素。大班的智力游戏无论是玩法还是任务本身都最为复杂,游戏的动作难度较高,多为一些相互联系,要求儿童迅速做出反应的动作,游戏的规则更为严格,儿童在游戏中不仅可以发展智力,同时,还可以培养自控能力。

四、智力游戏的教育作用

1. 促进儿童的思维能力及动手能力的发展

智力游戏强调思维和动作同时发挥作用,游戏中通常会需要儿童运用双手,通过摆一摆、试一试、评一评、看一看等动作来完成思维的各种方案,以达到问题的解决。因此,智力游戏有利于培养儿童的思维能力及动手能力。

2. 促进儿童创造性思维能力的发展

智力游戏不是简单的试误—成功的过程,需要多种思维能力共同参与。这其中涉及儿童的思考、分析、实践、判断、再思考、再分析、再实践、再判断,不断反复的过程。儿童往往需要将头脑中已有的认知图示进行重组才能够完成复杂的智力游戏,而认知图示的重新补充与组合,正是儿童创造性思维发展的过程,因此,智力游戏能够促进儿童创造性思维能力的发展。

3. 锻炼儿童意志

智力游戏是一种规则游戏,其中有明确的任务、有一定的规则要求,最终要通过努力达成游戏的成功,这不是一个一蹴而就的过程,而是要儿童动用多种智力因素,分析问题、想出解决方案、尝试方案、重组方案、再尝试,最终获得成功。这是一个复杂的思维过程,需要儿童表现出极大的耐心,在尝试解决问题的过程中还必须遵守游戏的规则,因此,智力游戏对锻炼儿童的自制能力,磨炼儿童意志具有重要的作用。

第二节 智力游戏的指导

一、选择和设计合适的智力游戏

智力游戏的种类众多,在选择时切忌拿来就用,要根据自身班级的特点及训练目的选择合适的智力游戏类型培养儿童某一方面的智力能力。同时,还应考虑班级儿童的实际情况,对智力游戏进行一定的修改和重新设计,使选择的智力游戏既能够适合本班大多数儿童的发展水平,又能照顾个别发展较慢的儿童,更能够有的放矢地开发本班儿童的智力。

此外,游戏的难度也是选择和设计智力游戏时需要考虑的另一个重要问题,一个智力游戏是否能够促进儿童智力的发展,关键在于难易程度的把握。难度太小,明显不符合儿童发展水平和进一步发展的需要,会让儿童提不起兴趣,更有甚者,影响到同类型游戏的投入。难度太大,容易给儿童带来挫败感,总是无法成功地开展游戏,同样会影响儿童开展此类游戏的兴趣和信心,合适的游戏难度是激发儿童游戏兴趣的关键。所谓合适的游戏难度就是指智力游戏的难度要控制在儿童经过一定努力能够达到成功的程度,类似于维果茨基所说的"最近发展区"。当儿童克服一定的困难,发挥思维能力完成某个智力游戏后,其自信心和游戏的兴趣会更加高涨,因此,游戏设计要有适当的难度,循序渐进地促进儿童智力的发展。

二、教会儿童正确的游戏方法

智力游戏属于规则游戏的一种,游戏中都要遵循一定的游戏方法和规则才能够保证游戏的顺利开展,因此,进行智力游戏教育需要教会儿童正确的游戏方法。在进行智力游戏前,教师要用简洁、便于了解的语言向儿童细致地讲解游戏规则和方法,必要时须伴有生动的动作示范。同时,智力游戏是思维和动作的结合,对于一些涉及操作技能的游戏动作,教师需要在游戏前教会儿童正确的操作技能,以便游戏顺利开展。针对难度较高或要求较高的游戏可以尝试分部练习和分阶段练习,目的都是让儿童熟练掌握动作技能。

小班幼儿因为自制力较差,身心发展水平有限,智力游戏多是通过摆弄玩具材料进行的,因此,教师需要考虑针对不同的智力游戏类型,选择合适的游戏材料,一般小班选择的游戏材料品种不宜过多,数量要求儿童人手一套,互相不打扰。教师在讲解游戏方法和动作技能时,要求语言格外简洁、生动,建议用游戏的口吻吸引儿童注意。由于对语言要求较高,因此,教师的语言讲解一般要求要与示范动作相结合。同时,由于儿童注意力较差,自控能力也较差,教师要在游戏过程中不断提醒儿童遵守游戏规则。

中班儿童身心发展水平较之小班儿童有所提高,智力游戏的游戏方法及规则的复杂程度及难度也相应有所提高,因此,在游戏开始之前,教师仍需要向儿童讲明游戏方法及动作要领。讲解同样以语言伴随动作示范的方式进行,语言较之小班在词汇量上更加丰富,选择余地更大。更为重要的是,教师要在游戏过程中提醒儿童注意遵守游戏规则。

大班儿童喜欢参与活动强度高、注意力集中要求较高的游戏,一些规则性较强的带有竞赛性质的智力游戏大班儿童也较偏好。游戏前教师一般以语言讲解方法与规则为主,可以使用较复杂的语言详细向儿童讲解。游戏过程中要求儿童独立地进行游戏,必须严格遵守游戏规则,规则可以是明确规定的,也可以是游戏开始之前儿童共同协商决定的,游戏结束后,要鼓励儿童自行对游戏过程及结果进行讨论评价。

三、鼓励儿童积极参加智力游戏

智力游戏是一种非常有效的促进儿童智力发展的教育手段,教师要鼓励儿童自行选择智力游戏进行玩耍,在游戏过程中对儿童进行适时指导,对于能力强的儿童,鼓励其尝试多种玩法,创造性的进行智力游戏;对于能力差一些的儿童,可以先从一些简单的游戏玩起,逐渐过渡到较复杂的游戏,此外,教师还可以采用集体、小组和个别游戏相结合的方法,让能力强的孩子带领能力差一些的孩子共同游戏,让儿童有意识地观察他人的游戏方法,在共同游戏中获得进步。此外,个别困难较多的孩子还可以进行有针对性的训练,在游戏中及时肯定他们的进步和成功,鼓励儿童不断尝试新的智力游戏,在游戏中逐渐增加难度,促进他们的智力发展。对于能力强的儿童,要不断地向他们提出新的挑战,启发他们开动脑筋,尝试新的解决方法。中大班的儿童,在游戏后可以为其提供一定的讨论时间,鼓励他们主动地说出自己的设计意图和解决方法,互相探讨,从而促进其集体合作能力及创造性思维能力的发展。

第三节 智力游戏范例

智力游戏种类众多,包括发展观察力的智力游戏、发展注意力和记忆力的智力游戏、发展想象力和创造力的智力游戏、发展思维能力和操作能力的智力游戏等,每一类的智力游戏都包含着不同的智力发展要求。

范例一:

发展观察力的智力游戏

游戏名称:神探亨特

游戏道具:20种小东西(纽扣、橡皮、蜡笔等)

游戏过程:10个小朋友个人分别比赛。教师把20种小东西放在桌子上,然后把站在门外等待的小朋友叫进屋里,并对大家说:"请仔细看看桌上有什么东西,把它们记在脑子里。"小朋友看了一分钟以后,老师让大家蒙住眼睛,这时,老师把桌上的东西偷拿掉一个,藏在口袋里,然后说:"睁开眼睛吧。"于是,小朋友放下双手,睁开眼睛仔细看看桌子上什么东西没有了。猜对的人,即可得到奖品。然后,大家再把眼睛蒙起来,游戏继续进行。直到桌上的东西剩下三个时,游戏就可以结束了,得到奖品最多的人,就是观察力最好的人。

游戏评价:幼儿通过益智游戏不停地运用物品进行着各种动作,运用视觉器官对物品进行仔细观察,各种感觉器官积极地活动从而得到充分的锻炼,提高其机能,对促进幼儿感知觉的发展有着特别重要的作用。

范例二:

发展记忆力的智力游戏

游戏名称:记住我的话

游戏道具:教师事先准备好绘有鸡、鸭、鹅、狗、兔、猫、鼠、猴、马、牛、羊、象等动物的图片1套,绒布板1块。

游戏过程:在进行游戏前,教师可根据不同年龄幼儿的情况,报出3~6种动物的名称,幼儿与教师说完之后,先重复叙述,再找出教师所报动物的图片,并把它们贴到绒布板上,看谁完成得又快又好。

游戏评价:在游戏中,幼儿能得到一些具体、直观、生动形象的玩具等实物材料,是为唤起幼儿过去感知过的而眼前并不存在的事物的表象创造基础。因此,在益智游戏中丰富的游戏材料,在游戏过程中完整、正确、鲜明的表象能促进记忆力的发展。

范例三:

发展想象力的智力游戏

游戏名称:小班游戏《滚色》

游戏目标:

1.用游戏的方式培养儿童对色彩的兴趣和敏感性。

2.锻炼儿童手上的小肌肉群,提高儿童动作的准确性。

游戏准备:

1.旧乒乓球若干;红、黄水粉每组各一小盘。

2. 大张白纸在大盒子里。

游戏玩法：

1. 将乒乓球放在盒子里，让儿童双手捧着盒子轻轻滚动玩耍，紧握平稳，不使乒乓球滚到盒子外面去。

2. 将乒乓球放在红水粉的盘子里滚动一下，让乒乓球蘸上红色，并放在白纸盒子里，双手捧着盒子轻轻滚动，在白纸上留下红色轨迹，吸引孩子的兴趣。

3. 鼓励儿童尝试滚色游戏，颜色由孩子自选。每个乒乓球一种颜色，然后逐渐增多，滚球的速度应慢一点，尽量滚到白纸的各个方向，而不使球掉落下来。

4. 滚好后，启发儿童想象滚出来的花纹可以做什么（如窗帘布、桌布、花裙子、花盘子、花瓶等）。

游戏规则：先用乒乓球蘸色，然后放入盒子里。

范例四：

发展思维能力和操作能力的智力游戏

游戏名称：《寻宝》（中班）

游戏目标：

1. 尝试利用身边的物品打捞塑料瓶，学习与同伴合作拼图寻找礼物，从而培养或独立或合作解决问题的能力。

2. 愿意用语言与同伴交流、分享打捞塑料瓶与合作寻找礼物的经验。

3. 体验寻找礼物的乐趣。

游戏准备：

1. 把若干张关于藏宝地点的照片分成四份装在塑料瓶里，每张照片的背面颜色各不相同；把若干包水果礼物用红色的盒子装好，分别放置在与图纸相对应的地方。

2. 准备一个较大的模拟池塘的场景，在其中远近和高低不同的位置放置若干个塑料瓶，每个塑料瓶上都用软铅丝穿一个环，池塘四周放一些雨伞、竹竿和小棍等物品。

3. 一个可以放若干个塑料瓶的筐；磁性板、磁铁若干。

游戏过程：

1. 引入活动。

（1）教师：今天园长准备了许多礼物送给小朋友，不过这些用红色盒子装好的礼物只有爱动脑筋的小朋友才能拿得到。因为礼物被藏了起来，只有先拿到放在塑料瓶里的藏宝图，才能根据图纸找到它们。可是，这些塑料瓶都掉进了小池塘，让我们一起去看一看吧！

（2）与幼儿一起观察池塘的场景，教师提问：塑料瓶都掉在哪里了？怎么样才能又快又安全地从小池塘里捞起塑料瓶呢？

2. 取塑料瓶。

（1）教师：小池塘四周有雨伞、竹竿、小棍等物品，想一想，它们可以帮我们的忙吗？比一比，看谁能又快又安全地捞起一个塑料瓶？

（2）幼儿取塑料瓶，教师引导幼儿利用最合适的材料及方法进行尝试，并提醒幼儿东西用完后要放回原处。

（3）集中幼儿，师幼共同分享：你是怎么捞到塑料瓶的？谁想出了不同的办法？

3. 合作找礼物。

（1）教师：检查手中的瓶子是否都已拿到；取出藏宝图，看看礼物到底藏在哪里。出示小筐，并提问：把塑料瓶放在箱子里，以后我们还可以用来做其他的游戏呢！

（2）教师：藏宝图里还有一个秘密，藏宝图被分开了，只有找到四张反面是相同颜色的图纸拼起来，才能知道礼物在哪里。桌子上准备了磁性板、磁铁,如果四个"好朋友"都找齐了,就可以到桌子上去拼一拼,拼好后拿着完整的藏宝图手拉手一起去找礼物,我们来比一比,哪一组小朋友先找到礼物呢?

(3)幼儿寻找同伴,合作拼图找礼物,教师引导幼儿按图纸背面的颜色寻找好朋友,拼好后手拉手一起寻找,一起回活动室。

(4)集中分享:你们找到了什么礼物?

4.延伸活动:分享礼物。

教师:看看有多少礼物,想一想,这些礼物四个人该怎么分呢?

思考与练习

1.什么是智力游戏?其特点是什么?

2.智力游戏对学前儿童的教育作用主要有哪些?

3.如何指导学前儿童开展智力游戏?